番禺古村落

（四）

广州市番禺区国家档案馆　编

方志出版社
Publishing House of Local Records

图书在版编目（CIP）数据

番禺古村落. 四/广州市番禺区国家档案馆编. --
北京：方志出版社，2020.6
ISBN 978-7-5144-4214-4

Ⅰ. ①番… Ⅱ. ①广… Ⅲ. ①村落-介绍-番禺区
Ⅳ. ①K296.55

中国版本图书馆CIP数据核字（2020）第098135号

番禺古村落（四）

编　者：广州市番禺区国家档案馆
责任编辑：何明忠

出 版 者：方志出版社
地址　北京市朝阳区潘家园东里9号（国家方志馆4层）
邮编　100021
网址　http://www.fzph.org
发　行：方志出版社图书经销中心
电话（010）67110500
经　销：各地新华书店
印　刷：广州市中天彩色印刷有限公司

开　本：787×1092　1/16
印　张：19.5
字　数：252千字
版　次：2020年6月第1版　2020年6月第1次印刷
印　数：0001～1500册

ISBN 978-7-5144-4214-4　定价：180.00元

主　编

曾小原

副主编

林潮荣　郭展耀　胡家梁　金齐楚

工作人员

黄学明　郭锦华　马　庆

编辑说明

一、本书以马克思列宁主义、毛泽东思想、邓小平理论、“三个代表”重要思想、科学发展观、习近平新时代中国特色社会主义思想为指导，坚持辩证唯物主义和历史唯物主义，记载传统古村落的建筑风格与人文地情。

二、本书是《番禺古村落》系列编研丛书之一，以文字说明和图片来介绍石楼镇现存古村落的历史由来、姓氏源流、历史街巷、历史建筑、历史名人、文化传承等情况。

三、石楼镇下辖24个村（居），本书将具有古村落性质的6个自然村及莲花山风景区的有关内容作为一个整体进行编排。由于大岭村是全国历史文化名村，我们在《番禺古村落（一）》已作专门介绍，本书不再重复。

四、介绍村落的文字和图片遵循从整体到局部细节，从村情概况到历史街巷、历史建筑、古民居、古遗址、人文传承等的顺序进行记述。

五、本书文字以客观说明为主，引述史料，描述现状。因各村落所保存的历史人文资源数量不同，本书各村落的篇幅内容存在差异。

目 录

概述

石楼镇地处广东省广州市番禺区东南部，东临狮子洋，南至沙湾水道，西邻石碁镇，北与化龙镇接壤。面积126.5平方千米，辖石一、石二、赤岗、赤山东、大岭、岳溪、官桥、茭塘东、茭塘西、胜洲、裕丰、南派、清流、沙北、沙南、海心、江鸥、联围、东星、明星、卫星、群星22个行政村和石楼、莲花山、亚运城3个社区居民委员会。2019年年末，全镇常住人口19.27万人，其中户籍人口10.22万人。

石楼镇历史悠久，文化底蕴深厚。早在石器时代，这里便有人类活动。宋、明以来，逐渐形成了各氏族定居的格局。宋末，石楼陈氏已成为一个拥有较多田产，在地方有足够影响的家族。明初，朝廷和官府在番禺沙湾、茭塘两巡检司设立卫所屯田，共三所九屯。石楼地区有官桥、田步两屯，后在当地落户，形成军户聚落。明代中后期，随着士绅文人群体的出现，开始了宗族建构的过程。清初，石楼地区属迁海范围，大部分村落在迁海过程中受到严重的破坏，甚至拆毁。复界后，宗族再度复兴，村落得以复建。各宗族、村落设立家塾、义学以教化子弟。清末鸦片战争期间的英军入侵以及随后的太平天国起义对石楼地区产生巨大的影响。

石楼镇现今的境域大致位于清代属茭塘司的大岭堡和圣堂堡。民国时属岗尾社乡。1949年10月，属禺南东区联乡办事处。1950年5月，改为第二区。1953年春，二区分为三区和四区，石楼属三区。1955年秋，改为石楼区。1957年3月，撤区分为石楼、化龙、明经3个大乡。1958年10月，上述3乡并为石楼团。同年12月，为石楼基层公社。1959年3月，为石楼公社，同时析出莲花山和化龙两个公社。1984年为石楼区。1986年1月，析联围村入莲花山区。1987年为石楼镇。2002年3月，莲花山镇撤销，并入石楼镇。

镇区内的莲花山是广东省重点风景名胜，坐落于珠江口狮子洋畔。莲花山由48座红砂岩低山组成，海拔最高为108米，占地2.54平方千米。这里有汉代的古采石场遗址，明代兴建的莲花塔和清初莲花城遗址，成为番禺莲花山旅游区的组成部分。

石楼镇多数村落都建有祠堂。祠堂作为宗族的象征，是族人情感的纽带，也是历史文化的载体，展示着先辈们的勤劳智慧和不同的建筑理念、艺术风格。祠堂的规模有大型、中型和小型之分，一般设有大门、正堂、寝堂，有的还有仪门（牌坊）。石楼地区至今仍保存着许多建筑恢弘、装饰华美的祠堂，代表性祠堂有石楼善世堂、茭塘黄氏大宗祠、大岭显宗祠、赤岗陈氏大宗祠、戴氏大宗祠等。

石楼镇很多村都有庙宇，甚至一个村有多座庙宇。在石楼镇，各村的庙宇以中小型规模为多，按供奉的神明不同，可以分为北帝庙（又称为玉虚宫）、天后庙（宫）、观音庙（或称水月官）、洪圣庙（又称为南海神祠）、文武庙（祀文昌帝君和关帝）等。

明、清时期，石楼地区出现了大批士绅文人。如大岭陈氏宗族，在明、清两代有进士5人、举人14人、贡生6人，还出现了大岭陈仲良家族、石楼陈大元家族两个功名显赫的书香世家。同时，石楼也是禺南地区的武科举之乡，在清代同光年间的40多年里，出了武举人11人、武进士4人，其中2人为御前侍卫。清末民初以来，涌现出一批著名的中医师、商人领袖、慈善家、实业家、教育家、科学家、音乐家、舞蹈家等。

近年来，石楼镇科教文卫事业取得大发展，2013年成功创建成为“国家卫生镇”。2016年，石楼医院与省第二人民医院开展合作办医。石楼镇成功入选2018年度、2019年度“全国综合实力千强镇”。2009年，中国民间文艺家协会、广东省文学艺术界联合会、广东省民间文艺家协会分别授予番禺区石楼镇“中国龙舟文化之乡”“中国龙舟文化传承基地”“广东省龙舟文化之乡”称号。

石楼地区有丰富的民间信仰与诞会文化景观，以及多姿多彩的龙舟习俗。南海神（洪圣王）、天后、文武二帝、观音等民间信仰及其相关的诞会文化发达。端午龙舟节时，石楼地区的龙船，如大乌龙、大岭黑桡和白桡等，享誉禺南。

石楼地区的土地开发大体经历了先种岗边土地，然后耕种海湾内的潮田，以后再向东南方的沙田扩展，即现在的清流、南派、裕丰和海鸥岛上的海心、沙北、沙南、江鸥等村。这些俗称沙田区的村落，保持着优美的生态环境，大多保留着原生态自然景观。田野里河网交错，小桥纵横，鱼塘与水稻相连，芭蕉与绿树一色，保留着“芭蕉河汊鱼虾，小桥流水人家”的风貌。沿海滩涂上的红树林，吸引了大量的鱼虾和鸟类栖息。这里土地肥沃，气候温暖，四季不同景。最富有意境的当是春秋两季：春天，晨曦中的田野是凝固恬静的大地，当太阳升高的时候，绿色从四面八方袭来，一片生机盎然的景象；秋天到来，金黄色成了主角，田野被喧染成最亮丽的橘黄色，演绎着成熟和丰收，空气中弥漫着各种瓜果的香味。这些地方，很多已经成为旅游热点，吸引了众多游客。但是，由于这些地方开发较晚，本书作为“古村落”，暂不收录这些村落的史迹。另大岭村为全国历史文化名村，我们在《番禺古村落（一）》已作专门介绍，本书不再重复。

石楼镇全景图

石楼村石板路

石楼村
（石一村、石二村）

石一村、石二村是石楼镇人民政府驻地。石楼村，旧名石子头，当地人亦称之为“社头”，一说石楼原名石狮头，因莲花山上有一巨石，酷肖狮形，故名；后雅化称为“石楼”。西与赤山相连，北与大岭相邻，东隔砺江河与莲花山相望，南与裕丰毗邻。始建于南宋绍兴三十年（1160），时石楼陈姓始祖陈敏行从白水坑到莲花山游览风景，见砺山狮海、层峰参云、环流竞响，以为胜地可居，乃偕妻子定居于此。传说石楼原有陈、关、郑、朱、张、高、马、蔡、秦、梁10姓，今除陈姓外，多已式微，或外迁他处。随着陈姓家族的繁衍发展，石楼成一大村镇，全村分为13个坊。石楼靠近莲花山，风景秀丽，清代有竹园鸟语、荔圃蝉鸣、狮江帆影、马岭松阴、沙埔锄云、练溪钓月、莲岩忏佛、石砺归樵八景。1957年，成立高级农业生产合作社，中街（4个坊）、西街（3个坊）农民组成石楼第一农业生产合作社，东街（旧称东约，6个坊）农民组成石楼第二农业生产合作社，非农业村民设一个居民委员会。在此基础上，先后改为石楼公社石一大队、石二大队、石楼居委，现分为石楼镇石一村、石二村2个行政村和石楼社区居民委员会。

灵蟠庙
善世堂

石楼村全景图

表1

石楼村历史人物一览表

姓名	事迹
陈友谅（1830—1883）	南宋理宗时慈善人。时广东全省旱饥，饿死者无数。陈友谅捐稻谷万石（60公斤为1石），以活民命。朝廷擢知嘉兴路事，进阶朝议大夫
陈大有（1518—1587）	明嘉靖年间（1522—1566）举人，任福建仙游县知县，组织参与抗倭战斗
陈景鎏（1844—1899）	清代进士，选庶吉士，翰林院编修
陈文博	举人，任钦州学正，捐俸修理学宫，后任南雄府教授
陈巧贞（1913—1943）	革命烈士，1932年入读上海大夏大学。大学毕业后，参加抗日救亡运动。1938年参加中国共产党。1943年年初，在执行任务中不幸被敌机炸死
陈大元（1780—1839）	清嘉庆十二年（1807）武举人。虽习武而重文，善昆曲，能诗。曾以双手擎数百斤坊门石匾，亦于顺德诗社以《咏白鸡冠花》诗句而冠一军。年六十卒
陈玉森（1916—1993）	字天宝，室名朴庐。1949年广州解放，受组织委托，以人民政府村长名义，在石楼主持对解放军的支前工作。随后，任教于广东法商学院、中山大学，历任助教、讲师、教授及研究生导师
陈应强	旅港乡亲。捐资助建石楼一幼儿园、石楼镇敬老院、石楼镇新中学及番禺教育基金会。1995年2月被番禺市人大常委会授予“番禺市荣誉市民”称号，2000年转授为“广州市荣誉市民”

石楼村古民居群（一）

石楼村牌坊

石楼村古民居群（二）

历史街区（石楼村）

石楼是一个具有800多年历史的古村落，至今还保留大井头—阳明历史街区和阳明—镇龙历史街区。历史街区保存着数量众多的、传统的、三间两廊的民居和祠堂，如与松公祠陈氏十一世祖祠、翠屏公祠（绍虞堂，陈氏十一世祖祠）、文林郎越庵公祠（端本堂，俗称八角厅，陈氏十六世祖祠）。此外，还保存着较为集中、数量较多的古井群，如大井街的大井头古井，福庆大街的福庆古井、鲤鱼古井，安墩巷尾的祖山古井等。石楼东街还保存南轩公祠（介祉堂，陈氏十一世祖祠，内有《重修介祉堂题碑记》）。

大井头—阳明历史街区位于大井头大街、阳明大街、新园西街三街交界处，呈“Y”字形分布。主要古建筑有大井头大街的21号、23号民居，大井头古井，阳明大街3号、5号、6号、7号、8号多座祠堂、民居，新园西街多座传统民居。

阳明—镇龙历史街区位于镇龙大街和阳明大街交界处，主要由阳明下街210号翠屏公祠、阳明大街二巷10号民居、阳明大街27号玉成家塾，以及镇龙大街十巷、十二巷民居群组成，在镇龙大街和阳明大街交界处形成一个较为完整的历史街区。

石一村村史简介

大井街

石板街

大井街横巷

大井街9号民居

大井街12号民居

钟秀巷

与松公祠

里仁下巷

择处巷

阳明大街8号民居

八角厅巷

大巷

阳明大街5号民居

文林郎越庵公祠

阳明大街

蚝壳墙

山顶灰塑

水滴筒瓦

青苔石阶

镬耳封火山墙

山顶灰塑

封火山墙

石板路

古民居

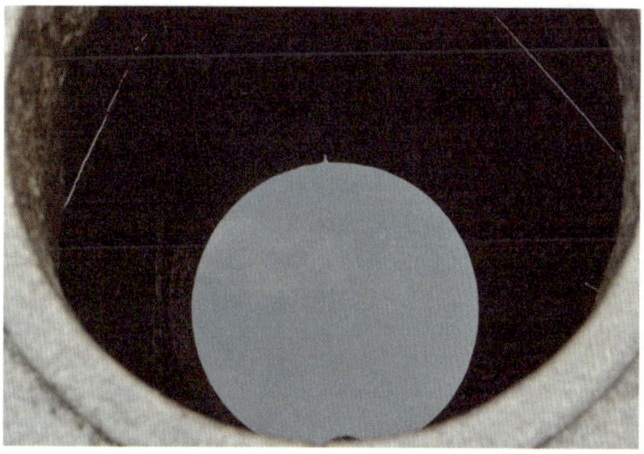

古井口

阳明大街石板路

阳明大街四巷

阳明大街六巷

阳明大街七巷

阳明大街八巷

阳明大街27号玉成家塾

镇龙大街

镇龙大街石板路

石板路

镇龙大街古民居

镇龙大街七巷

镇龙大街八巷

镇龙大街十一巷

砖雕（一）

砖雕（二）

山顶灰塑（一）

山顶灰塑（二）

山顶屋脊（一）

山顶屋脊（二）

山顶灰塑（三）

镇龙大街十二巷

镇龙下街一横巷

古街巷

梯云桥

古树

石一村大井头

鲤鱼古井

福庆古井

祖山古井

祠堂（石楼村）

祠堂又称宗祠、家庙，是族人祭祀祖先或先贤的场所。它记录着家族的辉煌与传统，是家族的圣殿，也是中华民族悠久历史的象征与标志。石楼陈氏家族明清时期先后修建祠堂不下16座。现存祠堂9座（见表2）。

表2 石楼村现存祠堂一览表

祠堂名称	始建时间	重修重建时间	建筑规模与布局	备注
陈氏宗祠（善世堂）	明正德年间（1506—1521）	清康熙二十二年（1683）重建，乾隆三十四年（1769）重修，2013年开始再重修	三间四进，总面阔25米，总进深104米。祠前为花岗岩铺成的地坪，再前为该祠堂的放生池，总占地面积2600平方米。头门外有石狮子一对。贴金木牌匾“善世堂”三字为明抗倭名将戚继光题书	为番禺四大古祠之一，2002年7月被公布为广州市文物保护单位
丽溪公祠（博厚堂）	明嘉靖年间（1522—1566）	清嘉庆十年(1805)重建，清道光二十七年（1847）重修	深三进，阔67坑瓦面，一、二进占地面积共577平方米。头门前有包台，白泥瓦碌筒，灰塑博古瓦脊，青砖墙，白花岗岩石脚，通花梁托	现改作员工宿舍，产权由镇房管所托管
雪松公祠（明重堂）	明嘉靖年间（1522—1566）	清嘉庆二十年（1815）重修，清咸丰十年（1860）改建，2010年再重修	三间三进，总面阔14.02米，总进深52.14米，占地面积737.35平方米。三进均为硬山顶，人字封火山墙，灰塑博古脊，碌灰筒瓦，青砖墙	曾用作乡（镇）政府办公用房，现为老人文化中心活动场所
南圃公祠（勤敷堂）	不详	清嘉庆二十四年（1819）重建，2010年再重修	原有三大进和衬祠，现只存大堂和后寝，建筑面积只剩454平方米	曾用作乡（镇）政府办公用房，现为老人文化中心活动场所
与松公祠（承茂堂）	清代	1998年重修	三间两进，总面阔9.68米，总进深15.39米，占地面积148.97平方米。两进均为硬山顶，人字封火山墙，灰塑博古脊，碌灰筒瓦，青砖墙，花岗岩墙基	老人活动场所

续表2

祠堂名称	始建时间	重修重建时间	建筑规模与布局	备注
一峰公祠	清末		原深二进，一天井，两拖廊，建筑面积237.60平方米。硬山顶，灰碌筒瓦。现只存四壁旧墙和花岗岩白石	
翠屏公祠（绍虞堂）	清代		原为三间两进，现仅剩头门，总面阔5.21米，残深7.26米，占地面积37.82平方米。硬山顶，“人”字封火山墙，碌灰筒瓦，青砖墙，花岗岩墙基	为红巾军领袖陈显良的祖祠，俗称火烧祠
文林郎越庵公祠（端本堂）	清代		三间两进，总面阔10.26米，总进深19.64米，占地面积201.5平方米。两进均为硬山顶，人字封火山墙，灰塑博古脊，碌灰筒瓦，青砖墙，花岗岩墙基	俗称八角厅，现空置
南轩公祠（介祉堂）	明万历十四年（1586）	清道光十九年（1839）、1992年及2005年	该祠原深三进，人字墙硬山顶，灰塑博古瓦脊，原祠已倒塌，留下重修石碑一块	2005年重修后成老人活动中心

善世堂

陈氏宗祠（善世堂）

陈氏宗祠，俗称“善世堂”，是奉祀石楼陈氏六世祖陈道明的大房祠堂。据清光绪年间《石楼陈氏家谱》记载，陈道明为东晋建国大将军陈元德的第二十七世孙。陈元德之二十二世孙陈敏行于南宋时由南村镇坑头迁居石楼，称为石楼陈氏一世祖，陈道明是陈敏行的来孙，因此为六世祖。

祠堂始建于明正德年间(1506—1521)，清康熙二十二年(1683)开始重建，至雍正元年(1723)才竣工，历时41年。到乾隆三十四年(1769)再次重修，至今仍保持清代早中期风格。该祠坐北朝南。总面阔25米，总进深104米，占地面积2600平方米。中路建筑为三间四进，由头门、仪门、正堂、后寝组成，建筑主体为硬山顶，人字形封火山墙，灰塑龙船脊，碌灰筒瓦，青砖墙，红砂岩或鸭屎石墙基。

头门面阔三间，宽19米，两边加建有钟鼓楼。前廊立4根鸭屎石檐柱，梁枋上承十七攒木雕如意斗拱，内外梁架木构件全部经过雕饰。前后廊次间设有包台，大门前立有一对雕狮，表示祖先武官出身。门额上有石刻“陈氏宗祠”横匾，匾两边各雕官员人物，上枋刻有97个不同字体的“寿”字，下枋浮雕“八仙贺寿图”。前后廊包台立面浮雕有各种花草禽兽图案。

善世堂三开间，进深95.25米，一般祠堂进深普遍为50～60米，在广东省古祠堂中，属于进深最长的祠堂；善世堂主体建筑的头门后面是仪门、月台，这在祠堂中比较少见，形制较高。

二进仪门是三间四柱三楼牌坊，白砂岩石砌筑。明间横匾上刻潮州籍进士周凤来题写的“六传光范”，上款“雍正癸卯桂秋谷旦”，下款为“史臣丹山周凤来题”，印章“仪园”“周凤来印”；后刻“星聚一庭”。仪门次间砌拱形门口，门上分别有“入孝”和“出弟”。善世堂仪门还有一对砖雕花窗，美轮美奂，又有另一番的韵味。

善世堂门前的一对石狮子与众不同，造工精细，雕饰繁多，形态活泼，富有灵气，而且还带着五只小狮子，寓意石楼陈氏五房子孙兴旺发达。公狮、母狮均作回头顾盼小狮的姿态，神态安详，面露笑容，寓意长幼上下和睦。

旗杆夹石

善世堂头门

一进头门面阔三间19米，进深两间11.80米，共十九架。前后廊次间设有石包台。前廊梁架、斗拱均雕有镂空花纹。额枋上承十七攒如意斗拱(俗称莲花托)。花岗岩石门夹，木额阳刻“陈氏宗相”，额下枋刻有“八仙贺寿图”，图下有四个门簪“长发其祥”，字体均为“九叠篆”。匾额上枋刻有97个不同字形的“寿”字，具有很强的艺术感染力。

陈氏宗祠牌匾

头门背面

钟鼓楼

善庆巷

仪门为四柱三间三楼石牌坊，门柱前后立抱鼓石加固，额枋遍施浮雕图案，上承木构如意斗拱，庑殿顶。明间正面横额上刻“六传光范”石匾，背面刻“星聚一庭”。六传是指六世祖陈道明，两句含义为：希望后人以先祖为榜样，能有更多有作为的子孙在此光宗耀祖。次间墙壁为通透的砖雕花窗，在众多牌坊中别具一格。基座的立面也是精美的石雕。牌坊两边有砖砌高墙连接。各开有一拱形门洞，东门石额刻“入孝”，西门刻“出弟”。

仪门正面

仪门背面

二进天井

善世堂

正堂面阔三间，宽19米，面积为313.5平方米。由石檐柱和东京木金柱撑顶，内部梁架木构件通体雕饰。两次间前墙镶嵌砖雕花窗。明间正中悬挂“善世堂”贴金木匾，这块匾是在清乾隆年间重修时，按原明代抗倭名将戚继光题书真迹复刻。堂内原来还挂有对联“里党贵能何，和气好同春气好；乡间祈向善，善人多自吉人多”，与“善世堂”名相呼应。正堂的后面有天井与后寝相隔，通过天井两侧的边廊可进入后寝。

善世堂牌匾

二进（内景一）

牌匾

石楼陈氏宗族明清两代科举人才辈出：陈景鎏，清代进士，选庶吉士，翰林院编修；陈文博，举人，任钦州学正，捐俸修理学宫，后任南雄府教授；陈大元，武举人，虽习武而重文，善昆曲，能诗；武进士陈元威、陈国超、陈念棠、陈朝威，分别钦点为花翎侍卫、蓝翎侍卫和营用守备。

二进（内景二）

后寝面阔三间，宽19米，面积为306平方米。立柱的分布和内部梁架结构与正堂类似。明间后部设置有高大的金漆红木神楼，雕饰龙凤呈祥通花图案。

三进天井

连廊

后寝（内景一）

后寝（内景二）

善世堂不仅规模宏大，建筑内部雕梁画栋，木雕、石雕、砖雕极其精美，代表了番禺祠堂建筑最高的工艺水平。善世堂木雕多为三面镂空雕刻，雕工精湛，哪怕对称的构建图案都绝不重复。头门雕刻多为图腾式，中堂雕刻多为写实式，后寝雕刻多为简约式。善世堂的木雕堪称“禾秆盖珍珠”，来看过善世堂木雕的人士无不交口称赞。在维修过程中，施工人员登上梁架近距离观看木雕后，都赞叹从未见过如此精美的祠堂木雕。

木雕（一）

木雕（二）

木雕（三）

木雕（四）

石雕（一）

石雕（二）

石雕（三）

石雕（四）

石雕（五）

窗花

青砖墙

福 福

仪门

山顶灰塑（一）

山顶灰塑（二）

山顶灰塑（三）

山顶灰塑（四）

山顶灰塑（五）

山顶灰塑（六）

山顶灰塑（七）

山顶灰塑（八）

傳光範

仪门

灵蟠庙

灵蟠庙，始建于清嘉庆三年（1798），道光十九年（1839）重修，2004年再次重修。坐北向南，三间三进，总面阔9.93米，总进深22.2米，建筑面积225.61平方米。一进硬山顶，马鞍形封火山墙，博古灰塑瓦脊，瓦面由四根石柱支撑着两个抬梁式和穿斗式梁架承托着11根架梁而建。檐板刻工精细，梁架施驼峰斗拱。门框为花岗岩石门夹，门额上石匾阳刻“灵蟠庙”，上款书“道光十九年重修”，下款书“张维屏书”。二进为拜亭，中间立一大香炉，拜亭两侧为廊，左右廊各嵌有3块清嘉庆和道光年间的重修碑。后殿设一神龛，供奉关帝和文昌帝君雕像。灵蟠庙东侧原有一座龙兴庙，两座庙之间走廊中尚存有一口古井名“马奶泉”，井台用红砂岩石砌筑。该庙香火旺盛，每年“文昌帝君诞”都吸引各地的香客前来朝拜。

灵蟠庙正门

拜亭

后殿

龙兴庙

后殿

灵蟠庙山顶灰塑

龙兴庙山墙

神龛

天井

石雕

青云巷

文武科名鼎盛

石楼陈氏家族，自古以来文风郁盛，重视教育，除在祠堂开设一些启蒙学馆外，还举办书院、家塾教育子弟，如清代的召棠书院、玉成家塾。玉成家塾两间两进，右为明间，开大门与街道相连。左为次间，总面阔9.67米，总进深9.78米，占地面积94.57平方米。两进均为硬山顶，青砖墙，花岗岩墙基。头门形制为凹门斗，明间有花岗岩石门夹，门额上石匾刻“玉成家塾”。头门与天井间设木质屏门。天井后为后堂，后堂前房檐有图案精致、雕工精细的镂空木雕屏风。明间后部设神台，供奉祖先牌位。天井两侧为两廊，左廊开小门通次间天井，天井立照壁1座，高处为灰塑花鸟画。头门次间为居室，后堂次间上搭建阁楼。阁楼为主人居室。该家塾是主人祖父辈读书的地方，具有岭南书院建筑风格。陈氏宗族不仅崇文，而且尚武。明、清两代，石楼陈氏家族涌现出进士1人、举人10人、贡生11人、武进士4人、武举人12人，还有武生(武秀才)58人。

玉成家塾

石楼陈氏宗族明清两代科举人才一览表

表3

姓名	功名	时间与科次	姓名	功名	时间与科次
陈景鎏	进士	清光绪六年（1880）庚辰科	陈元威	武进士	清同治十三年（1874）甲戌科
陈大有	举人	明嘉靖二十二年（1543）癸卯科	陈国超	武进士	清光绪三年（1877）丁丑科
陈文博	举人	清康熙四十四年（1705）乙酉科	陈念棠	武进士	清光绪十二年（1886）丙戌科
陈维彬	举人	清嘉庆十五年（1810）庚午科	陈朝威	武进士	清光绪十六年（1890）庚寅恩科
陈际清	举人	清嘉庆二十四年（1819）己卯科	陈毓麟	武举人	清乾隆十七年（1752）壬申恩科
陈文澜	举人	清道光二十三年（1843）癸卯科	陈大邦	武举人	清乾隆三十九年（1774）甲午科
陈龙韬	举人	清道光二十四年（1844）甲辰恩科	陈大元	武举人	清嘉庆十二年（1807）丁卯科
陈醴泉	举人	清咸丰五年（1855）乙卯科	陈廷英	武举人	清道光二十年（1840）庚子恩科
陈源溶	举人	清光绪十五年（1889）己丑恩科	陈宏章	武举人	清道光二十六年（1846）丙午科
陈崇鼎	举人	清光绪十七年（1891）辛卯科	陈朝瑛	武举人	清同治三年（1864）甲子科
陈乃仪	举人	清光绪二十七年（1901）辛丑补行庚子恩、正并科	陈荣高	武举人	清光绪元年（1875）乙亥恩科
陈秉钧	武举人	清光绪二十三年（1897）丁酉科	陈占高	武举人	清光绪十七年（1891）辛卯科
陈翰瀛	武举人	清光绪二十三年（1897）丁酉科	陈大勋	武举人	清光绪二十三年（1897）丁酉科
			陈寿年	武举人	清光绪二十三年（1897）丁酉科

中国龙舟文化之乡

龙舟文化数千年来伴随着岭南人民的繁衍与成长，见证了岭南地区的历史变迁，是岭南地区最具传统特色、最具大众参与性、最具传承发展性的大众文化之一。从2008年开始，国家将端午节作为传统民俗节日列为法定假日。石楼地区五月端午节的龙舟活动有悠久的历史渊源和深厚的群众基础。2009年5月28日端午节，由中国民间文艺家协会、广东省委宣传部、广东省文学艺术界联合会、广东省民间文艺家协会、广州市委宣传部、广州市番禺区委及区政府主办，广州市番禺区石楼镇委、镇政府等单位承办的首届中国龙舟文化节启动仪式在番禺区举行。启动仪式现场举行了2009年番禺区“迎亚运 促和谐”第十二届莲花杯·禺山杯龙舟赛。启动仪式上，中国民间文艺家协会、广东省文学艺术界联合会、广东省民间文艺家协会分别授予番禺区石楼镇“中国龙舟文化之乡”“中国龙舟文化传承基地”“广东省龙舟文化之乡”称号。

近年来，石楼地区从农历五月初一至初十各村龙船互相探访，或竞渡，或趁景，或竞艳，络绎不绝。石楼的“大乌龙”龙船，造型独特，船身乌黑发亮，活像威风凛凛的黑将军，是番禺乃至珠江三角洲有名的龙船，是当地的“龙船王”。

2013年番禺区石楼镇龙舟赛（一）

2013年番禺区石楼镇龙舟赛（二）

2013年番禺区石楼镇龙舟赛（三）

“吕祖诞”祭祀巡游

“吕祖诞”祭祀巡游活动，形成于清光绪二十年（1894）。清光绪九年（1883），石楼建成吕祖庙，庙里保存有1枚光绪二十年（1894）鎏金铜印。吕祖诞日举行祭祀巡游活动，有狮子仪仗巡游、抢花炮、西神大戏。四月十二日送炮回庙；十三日清洁洒净，簪花挂红上香供奉；十四日晚设席陈氏祖祠，现场公开投炮活动，以竞投方式价高者得。每年推出10个花炮竞投，信众投得签名确认，礼成完毕，送炮到每个炮主府上。

吕祖像

“吕祖诞”聚会

莲花山风景区

莲花山是广东省重点风景名胜区，位于番禺区东部珠江口狮子洋畔。莲花山由48座红色砂岩低山组成，海拔最高为108米，占地面积2.54平方千米。其中有座麒麟峰，因峰顶上有一块酷似莲花的岩石，所以人们把这座山称为莲花山。莲花山是番禺区历史文化古迹最为集中和具有代表性的景区，拥有国内罕见的、具有2000多年历史和保存得最完好的全国重点文物保护单位古采石场遗址，有建于明代万历年间的“省会华表”莲花塔，有清代康熙年间建造的莲花城以及新建的世界最高的箔金观音立像。莲花城、莲花塔是广东省文物保护单位。

莲花山位于狮子洋之滨，当年，石块就是用船只沿珠江运到广州城。从西汉时期起，历代先民在这里开采石料，因此，在山的东部地区形成了逶迤数里的石林与岩洞，遗留下无数雄伟壮观的红色砂岩悬崖、险峰和石柱，形成了国内罕有的“人工无意夺天工”的莲花山石景区。这里石壁陡峭，如斧砍刀削，石壁上钎痕累累，凿迹斑斑在目。

由古采石场、观音胜境、莲花塔、莲花城组成的莲花山旅游景区，以“莲峰观海”之名入列“新世纪羊城八景”，是广东省省级风景名胜区和国家AAAA级旅游区。

燕乐亭
古采石场遗址
莲花湖
百福

莲花山全景图

莲花塔

莲花塔，始建于明万历四十年（1612），曾于1981年重修。该塔原名文昌塔，因山上多产砺石（俗称磨刀石），山东面有一狮形巨岩石，故又名石砺塔、狮子塔，占地面积65.12平方米。为楼阁式砖塔，平面作八角形，高9层，内为11层，高约50米，用青砖砌筑。莲花塔为壁内折上式楼阁式砖塔，粉墙红柱，绿琉璃瓦、八角攒尖顶。总高约50米，各层出檐、平座均用隔层牙砖叠涩出跳，以砖砌出角柱，柱间枋木结砌出额枋，柱梁、额均涂朱红色。首层外边长3.6米，塔中为空腹，内边长1.24米。每层有收分，宽递减。八面设门、窗。平座狭窄，不便行走，另在塔壁内砌砖级，盘旋上顶层。

莲花塔为明代风水塔。该塔坐落于珠江口狮子洋畔，按照中国传统风水学说，此地占据着珠江三角洲水系的“水口”之处，因此为束海口、聚灵气而建塔，是名副其实的“风水宝塔”。观其建筑形制，与同一时期兴建的琶洲塔、赤岗塔极为相似，具有明塔的共同特征：建于江河水口，为平面八角形楼阁式砖塔，外观九级内连暗层，粉墙红柱，向上逐渐有收分。这三座九层宝塔与六榕花塔又有类似的结构，但风水塔毕竟不是佛塔，因功能之别而在细部装饰上有所区别。我风水塔的外观比较简洁，而琶洲塔、赤岗塔塔身虽然设有神龛安置佛像，塔基有托塔力士，但其形象为16—17世纪来华的外国人形象，与传统佛教的力士形象亦有所区别。

莲花塔堪称“明清珠江航道上的地标式建筑”。莲花塔是外国商船从外洋穿过虎门大关、进入珠江航道以后见到的第一座八角九层砖塔，因其雄踞珠江入口处狮子洋畔海拔约105米的莲花山上，成为明清时期中外船舶的航标。来粤的海商看见莲花塔就知道即将抵达省会广州，莲花塔与琶洲塔、赤岗塔三塔鼎立，素有“省会华表”“广州三支桅杆”之称。

莲花山仙子

莲花塔

莲花塔位于番禺区莲花山北主峰之巅。原名文昌塔，因山多砺石，以及东面山坡上有一块天然的狮形岩石，又名石砺塔和狮子塔。据乾隆《番禺县志》记载：明朝有南海监生庞端业、生员郭等冒认税山，招商开采，伤地脉，人文罹厄。万历十四年（1586），番禺举人李惟风等告官封禁，复建浮屠其上，今呼石砺塔。由此可知该塔本为风水塔，寄寓本邑文脉兴盛、风调雨顺。

西方商人对珠江航道上的第一处地标式建筑莲花塔十分熟悉，因为这是他们沿珠江航运而上往黄埔港泊碇前必经之道。1793年，英国来华画家托马斯·丹尼尔绘制的《莲花山城及莲花塔》，描绘了莲花塔的风貌，该作品后来被刻印为石版画，深受西方人士喜爱。

莲花塔临近的莲花山第二峰现存莲花城遗址。该城始建于清朝康熙三年（1664）六月，是清政府为禁海移民所建。莲花城呈椭圆形，占地二十多亩，城南、北面备有一石砌拱门：城内原有墩台、兵房、马厩等，城外有烽火墩及20口炮位，今已湮没。1984年，广州市政府和番禺县政府拨款重修。清代莲花城曾有重兵驻扎，是清代广州的海防重地，外国船只通过虎门后即进入莲花城的监控范围。

莲花塔

莲花塔

莲花城

莲花城位于广州市番禺莲花山的第二峰，地处珠江狮子洋水道西岸。城的平面略近椭圆形，面积约1400平方米。城墙以石作基础，里外用青砖砌筑，中间填土。高5.66米，厚2.34米。南、北面各有一石券拱门。城内原有墩台、兵房、马厩等，城外有烽火墩及20门炮位，今已湮没。

莲花城是清政府为禁海移民而设，建于康熙三年（1664）六月，作为哨所之用。鸦片战争期间，两广总督琦善与英方代表义律在此密议《善后事宜章程》（即“穿鼻草约”）之事。咸丰四年（1854），红巾军起义队伍曾在此驻守。

莲花城于1989年6月被广东省人民政府公布为省级文物保护单位。

莲花城正门

莲花城城墙

炮台

古采石场遗址

莲花山古采石场遗址位于石楼镇莲花山上，该山海拔108米，总面积约147万平方米，由40多个山丘组成。除表土外，山的主体结构，属红色砂岩。这种赭红色石料，可作砺石（磨刀石）。故莲花山又名石砺岗（《番禺县志》作石砺山）。这个古石矿场，从山南的莲花岩起，偏东至莲花山渔港基地，折而向北延伸，长约3000米，开采面平均高约25米（局部达40米）。据目测估计，开采面积达500余亩。今日的莲花岩、象鼻山、神镜、天池、南天门、神仙桥、莲花石、无底塘、龙穴三潭、燕子岩（了哥岩）、云梯、仙人床、金鱼池、莲荷洞天、泻玉、八仙岩、马头石、小鸭石、观音岩（狮子岩）、飞鹰岩（麻鹰岩）等石景区，都是当年石矿场遗址。上述各处，不但钎痕历历、桩孔累累，而且莲花岩、象鼻山、燕子岩等地，都留下一些当年未及运走的石料或半成品。

古采石场遗址（一）

古采石场遗址（二）

清同治《番禺县志》载：明万历七年（1579），因陈言达莲花山古采石场私采石料，由邑侯沈思孝封禁。这是第一次见诸史料的“禁封”。但后来屡禁屡开，没完没了。直到清乾隆二十九年（1764），“邑进士凌鱼等联呈督抚藩司，勒碑封禁”。历时185年的石矿官司，才暂时平息下来。其碑记有二：一在县学宫（今广州农讲所旧址）；一在莲花城（见清同治《番禺县志》）。现两碑已失。石矿何时开采？尚无确实资料可供查证。1983年，中国科学院副院长夏鼐曾到莲花山考察，他初步认为开采时间不迟于宋代。1983年，在广州象岗山发现第二代南越王墓后，中国科学院广州地质新技术研究所鉴定：该墓石材主要来自番禺莲花山石场，由此说明莲花山石场早在南越国时期已大规模开采了。至20世纪80年代，成为旅游区。莲花山古采石场于2001年6月被国务院公布为全国重点文物保护单位。

古采石场遗址（三）

古采石场遗址（四）

古采石场遗址（五）

八仙岩

狮子石

莲荷洞

飞鹰岩（麻鹰岩）

燕子岩

百福图

莲花石

南天门

观音胜境

观音胜境，是指莲花山上的望海观音。

1994年10月23日，望海观音宝像建成开光。观音宝像总高40.88米，用120吨青铜铸成，外贴纯金180两。这是目前世界上最高的箔金观音立像。她手持玉净瓶，慈眉善目，俯视南海，仿佛在为人们祝愿风调雨顺、国泰民安。观音宝像正对东南方，洋面上碧波万顷，轮船穿梭，渔帆点点。中外游客可在这里饱览珠江口的美丽风光。

观音胜境（一）

望海观音

观音胜境（二）

燕乐亭

狮海日出

千年石场（一）

千年石场（二）

莲花禅寺

莲花仙境

霞披狮洋

百莲好荷

荷花池

莲花仙境（一）

莲花仙境（二）

赤山村
（赤岗村、赤山东村）

赤山，又名赤岗，村庄依山而建。原山上荒无植株，故名“赤山”，又因山与岗同义，故又名赤岗。赤山位于石楼镇中心，距镇政府约1千米。东邻石村，西南与石碁镇的南浦相连。始建于南宋咸淳三年（1267）。明、清时期，属番禺县茭塘司大岭堡；清后期，属茭塘司岗尾乡。民国时期，属番禺县第二区岗尾乡。中华人民共和国成立后，属番禺县第二区赤山乡；1957年，成立高级农业生产合作社，赤山分别成立赤山一社、赤山二社；在此基础上，人民公社化时改为赤山一大队、赤山二大队；1984年1月，撤销公社建置，改为赤山一乡、赤山二乡；1987年，改为赤岗村、赤山东村2个行政村。

赤山原来依小山而建，呈弧形分布朝向南、东、西三面。原是一个住有戴、陈、朱三族的自然村，后来朱族迁居外地，只留下陈、戴两族。自古至今，陈、戴两族互通婚姻，和睦相处。

陈氏始祖陈元德，于晋元熙二年（420）从秦州南安郡豲道县（现甘肃省陇西县）迁至广东番禺桂林乡宁仁里（今南村镇坑头村）。南宋绍兴三十年(1160)，六世孙陈敏行从桂林乡宁仁里迁至石楼，为石楼陈氏始祖。元至元二十八年（1291），陈敏行六世孙陈震孙从石楼迁至赤岗，为赤岗陈氏始祖，繁衍至今。

戴氏先祖，原籍安徽休宁，自南宋初年由江西南昌迁至广东南雄县沙水镇。南宋咸淳三年（1267），从南雄先迁至广州，再迁至赤山村。据黄佛颐《广州城坊志·第二铺》载：“戴乾，休宁（今属安徽省）人。宋承务郎，调豫章南昌府。解组后，值金乱，徙居南雄沙水镇。继迁羊城西之第二桥，即今省城第二甫也（今广州市光复北路最北一段）。子敦，随父徙居，构一堂，名‘隐庵’，有《南溟集》。敦生子二：睿、哲。睿之后为西门房；哲生铭，徙居番禺赤岗。”

赤山村全景图

表4
赤山村历史人物表

姓名	事迹
陈英略	清康熙年间人，为广州府教授
陈璞 （1820—1887）	清咸丰元年（1851）举人，曾任江西安福知县、学海堂学长
陈君傑 （1917—1997）	中山大学英国语言文学系毕业，毕业后曾在香港任中学英语教师，曾资助曾生的抗日工作。中华人民共和国成立前夕，在中央航空运输公司工作。1949年11月9日，参加（中国航空、中央航空公司）起义。1955年4月，随周恩来赴印度尼西亚万隆参加亚洲首脑会议，负责总理专机英文翻译。退休后回到家乡，积极参加当地英语教学活动
戴　耀 （1923—2004）	抗日老战士。1939年参加中国共产党，参加抗日战争和解放战争，转战粤、赣、湘地区，屡立战功。1986年以正厅级离休，离休前任佛山地区供电局党委书记兼局长
戴卫民 （1925—1996）	原名戴赋苏。抗日老战士。1941年参加广游二支队，参加抗日战争；解放战争时期，在高明鹤山开展反抗国民党的武装斗争，任中国人民解放军粤中第四支队第三团副团长。中华人民共和国成立后，在海军工作。1965年转业到地方工作。1980年任广东省海员工会副主席
戴锡铨	又名陈全。抗日老战士。1940年参加广游二支队，任交通员。解放战争时期，在新兴县、恩平县一带开展反抗国民党的武装斗争，任中国人民解放军广阳地区第七团团长兼政委。离休前是国防大学政工教研室主任
戴宝祥	抗日老战士。1941年参加广游二支队，任勤务员，参加抗日战争。解放战争时期，在清远县、阳山县一带开展反抗国民党的武装斗争，任中国人民解放军连江支队第一团副团长。离休前是湖北省荆州军分区副司令
戴　流	解放战争时期加入禺南武工队。中华人民共和国成立后一直在番禺工作，任公社党委书记、县物资局局长、县计划委员会主任等职。

赤山村全景图

历史街区（赤山村）

赤岗村、赤山东村位于石楼镇中心旁。始建于南宋咸淳三年（1267），村庄依山而建，原山上荒无植株，故名“赤岗”，又因山与岗同义，取名赤山。1960年分为赤一、赤二两个大队，后改为赤岗、赤山东两个行政村。赤山村村民主要姓氏为戴、陈。

赤山村传统经营以农业为主，改革开放后大力发展工业、商贸业。工业有针织、服装、机械、塑料制品等。赤山红木家具制作颇闻名。集体经济收入主要来源有土地租赁、工业厂房、商铺等物业出租。村民主要收入来源有工资性收入、村集体经济分红、工商业经营、房屋出租等。市莲路、清河东路、石青公路经过该村。

村内代表性古民居耘隐民居，建于清代，占地面积80.47平方米，主体建筑为硬山顶、青砖墙、花岗岩基础。赤山村现存宗祠19座。陈氏大宗祠，始建于清咸丰年间，清代曾重修，占地面积1361.3平方米。戴氏大宗祠，始建于清代，占地面积782.41平方米。现存的19座宗祠均为番禺区登记保护文物单位。村民信奉北帝和南海神。村内建有北帝庙和洪圣古庙。北帝庙供奉北帝、太岁、玄坛、土地等神灵，农历三月初三为北帝诞，村民到庙里祭祀。洪圣古庙供奉南海神广利王，农历二月十三日，村民到庙里祭祀南海神。

赤山村是抗日游击区。1939年5月，广游二支队在大石乡组织成立俊杰抗日同志社（简称“俊杰社”），赤山村戴启堂系该社委员。随后赤山村成立俊杰社第44分社。

赤山村全景

赤岗历史街区主要包括：清颖—东明大街历史街区（现属赤岗村范围）和乐隐大街历史建筑群（现属赤山东村范围）。两历史街区的古祠堂建筑保存数量众多，建筑质量较高，是石楼地区重要的建筑文化遗产。

赤山村门楼

蚝壳墙

清颖—东明大街历史街区。在清颖大街和聚星大街保存有较多祠堂建筑，自西南向北延伸，全长约400米的地段，原有13座祠堂。祠堂多为坐北朝南，自西向东分别是六敷陈公祠、滋甫陈公祠、右山陈公祠、东轩陈公祠、南畦陈公祠、陈氏宗祠、吉堂陈公祠、九世陈公祠、可台陈公祠、陈氏大宗祠、元朗陈公祠、雪峰陈公祠、练湾陈公祠。现仍存有南畦陈公祠、陈氏宗祠、吉堂陈公祠、九世陈公祠、可台陈公祠、陈氏大宗祠、元朗陈公祠7座。

注礼门门楼

注礼大街（一）

街区又可分为三组：第一组位于清颖大街，自西向东由九世陈公祠、清颖大街七巷传统民居和九巷西成里3座传统民居及可台陈公祠、吉堂陈公祠构成。

注礼大街（二）

古井

注礼大街（三）

第二组位于清颍大街东端，由陈氏大宗祠及附近的元朗陈公祠、龙光大街传统民居组成。前两组整体上坐西北向东南。

第三组位于与清颍大街呈“Y”字形相交的东明大街南侧，由东明大街十二巷到十六巷之间的“耘隐”传统民居群组成。民居群以十四巷的“耘隐”住宅（坐南朝北）为中心，整体上坐北朝南，其中十四巷1号、2号、3号、6号、8号、10号、14号7座民居保存较为完好。三组建筑群呈“品”字形，位居赤岗村的中心位置。

迎龙里大街青砖墙

迎龙里大街二巷

蚝壳墙

秐隐古民居始建于清代。主体建筑为硬山顶、青砖墙、花岗岩基础。坐东南向西北，为砖木结构的两层楼房。首层两进，总面阔6.01米，总进深13.39米，占地面积80.47平方米。大门形制为凹门斗，花岗岩石门夹，门额阳刻“秐隐”。首层前部分为客厅，后有天井和房间。房间有后门通往被封堵的小巷。首层入门左侧设木梯上二楼，二楼有回廊。二层第一进是客厅，中间为天台，二进是书房。据了解，主人曾是清末的一名巨富，当时建此屋的目的是用于屯银，使用竹围屯银。后由于“秐隐”太小不够用，再建一新厅来屯银，新厅后称“二房祖”，在“大跃进”时期已被拆毁。此屋在当地也有旧厅之称。该建筑颇具清代建筑特色，对研究番禺古代民居有一定的历史价值。

迎龙里大街七巷

乐隐大街古建筑群。在现赤山东村还保存宗人戴宗祠（绍侯堂）、榕庄戴公祠、东涧戴公祠、石庄戴公祠、戴氏大宗祠、雪松戴公祠、蓝田戴公祠、乐隐戴公祠、日新戴公祠、裔堂戴公祠、乡平戴公祠，其中仅注礼大街上就有祠堂4间。保存较好的乐隐大街古建筑群整体上坐西向东，自西向东由乐隐戴公祠、乐隐大街26号传统民居、日新戴公祠、24号传统民居等组成。

青砖墙（一）

迎龙里古民居

注礼大街九巷

青砖墙（二）

青砖墙（三）

古巷街

东涧大街五巷

东涧大街六巷（一）

东涧大街六巷（二）

石庄大街四巷3号民居

乐康大街四巷

石庄大街五巷

石庄大街六巷

迎龙里

东义门楼

祠堂（赤山村）

祠堂是家族祭祀祖先或先贤的场所，赤山村陈、戴两姓家族在村里共建有近30座祠堂，至今尚存有近20座。

表5　赤山现存祠堂一览表

祠堂名称	始建时间	建筑规模与布局	重修重建时间
陈氏宗祠（清德堂）	明弘治年间（1488—1506）	坐北向南，三间两进。总面阔10.88米，总进深22.99米，占地面积250.1平方米。两进均为硬山顶，人字封火山墙，灰塑龙船脊，碌灰筒瓦，青砖墙。头门为花岗岩墙基，后堂为红砂岩墙基	2003年重修
陈氏大宗祠（萃思堂）	清咸丰年间（1851—1861）	坐西北向东南，三间三进。总面阔19.92米，总进深57.06米，占地面积1034.44平方米。三进均为硬山顶，人字封火山墙，灰塑龙船脊，碌灰筒瓦，青砖墙。头门为花岗岩墙基，中堂、后堂为明代风格的红砂岩墙基	2004年重修。抗日战争时期曾为抗日游击队驻地
南畦陈公祠（崇祀堂）	清咸丰年间（1851—1861）	坐北向南，广三路，中路三间三进。总面阔25.86米，总进深44.86米，占地面积832.09平方米。三进均为硬山顶，人字封火山墙，灰塑博古脊，碌灰筒瓦，青砖墙，花岗岩墙基	2004年重修
九世陈公祠（德馨堂）	清光绪十五年（1889）	坐北向南，广三路，中路三间三进。主体建筑总面阔20.63米，总进深45.36米，占地面积666.34平方米。中路三进均为硬山顶，人字封火山墙，灰塑博古脊，碌灰筒瓦，青砖墙，花岗岩墙基	1928年增建第三进，1995年修葺，2004年重修。现为老人活动颍声乐社
吉堂陈公祠	清乾隆年间（1736—1795）	坐西北向东南，三间两进，总面阔10.55米，总进深24.52米，占地面积274.4平方米。两进均为硬山顶，人字封火山墙，灰塑龙船脊，碌灰筒瓦，青砖墙	2003年重修
可台陈公祠	清同治元年（1862）	坐西北向东南，广三路，中路三间两进。总面阔17.61米，总进深24.06米，占地面积428.1平方米。两进均为硬山顶，人字封火山墙，灰塑博古脊，碌灰筒瓦，青砖墙，花岗岩墙基。头门两侧立一对石狮子，西侧竖一块戒律石碑，前方立一对旗杆夹石	2003年重修
元朗陈公祠（五芳堂）	清嘉庆年间（1796—1820）	坐西向东，原为三间两进，“大跃进”期间拆除了后堂。现总面阔10.54米，总进深10.86米，占地面积118.04平方米。头门为硬山顶，镬耳封火山墙，灰塑龙船脊，碌灰筒瓦，青砖墙	2004年重修
戴氏大宗祠（敦本堂）	清道光元年（1821）	坐西向东，广三路，深三进。总面阔20.65米，总进深39.49米，占地面积782.41平方米。中路三进均为硬山顶，人字封火山墙，灰塑博古脊，碌灰筒瓦，青砖墙，花岗岩墙基	清光绪二十四年（1898）增建第三进，2001年全面重修。现为村文化康乐中心
榕庄戴公祠	明末清初	坐东南向西北。原为广三路，现存中路建筑为三间三进。总面阔14.53米，总进深44.74米，占地面积660.08平方米。三进均为硬山顶，人字封火山墙，灰塑龙船脊，青砖墙。头门花岗岩墙基，中堂和后堂为红砂岩墙基	清光绪四年（1878）重修。现闲置，但东西侧拖廊已烂掉

续表5

祠堂名称	始建时间	建筑规模与布局	重修（重建）时间
石庄戴公祠	清代	坐西北向东南，三间两进。总面阔11.37米，总进深26.62米，占地面积302.7平方米。两进均为硬山顶，灰塑博古脊，人字形封火山墙，碌灰筒瓦，青砖墙，红砂岩墙基	1996年集资修葺。现作村厂房配套宿舍
蓝田戴公祠	清道光二十六年（1846）	坐北向南，三间两进。总面阔12.2米，总进深21米，占地面积260.42平方米。两进均为硬山顶，人字封火山墙，灰塑博古脊，青砖墙。头门花岗岩墙基，后堂为红砂岩墙基	光绪三十年(1904)重修。现作赤山村陈戴巷酒堂
乐隐戴公祠（裕光堂）		坐西向东，三间三进。总面阔13.01米，总进深31.77米，占地面积423.54平方米。头门和后堂为硬山顶，人字封火山墙，灰塑龙船脊，碌灰筒瓦，青砖墙。头门花岗岩墙基，后堂为红砂岩墙基	曾作生产队队址，后改做村厂房配套宿舍
东涧戴公祠	清代	坐南向北，三间三进。总面阔10.46米，总进深31.39米，占地面积328.34平方米。两进均为硬山顶，人字封火山墙，灰塑龙船脊，碌灰筒瓦，青砖墙，花岗岩墙基	
宗人戴公祠（绍经堂）	明代	坐北向南，原为广三路，现存中路建筑为三间三进。总面阔26.7米，总进深67.68米，占地面积1181.33平方米。三进均为硬山顶，人字封火山墙，青砖墙。头门花岗岩墙基，中堂和后堂为红砂岩墙基	清代重修。抗日战争期间曾为榕涧小学。中华人民共和国成立后，曾做过人民公社食堂、生产队队址。今作红木家具厂厂房
林隐戴公祠	清代	坐西向东。原为三间两进，“大跃进”期间拆除后堂。现总面阔为9.51米，总进深为8.34米，占地面积80.69平方米。头门形制为凹门斗，硬山顶，碌灰筒瓦，青砖墙，花岗岩墙基。墙楣饰壁画和灰塑浮雕，图案精美	现头门保存完好，天井及第二进基本不存在
雪松戴公祠	清初	坐西向东，三间两进。总面阔10.07米，总进深21米，占地面积211.5平方米。两进均为硬山顶，人字博古形山墙，灰塑博古正脊，碌灰筒瓦，青砖墙，红砂岩墙基	该祠保存较完整，但拖廊已倒塌成空地
日新戴公祠	清代	坐西向东，三间两进，总面阔11.9米，总进深25.07米，占地面积386.26平方米。两进均为硬山顶，镬耳封火山墙，灰塑雕花博古脊，碌灰筒瓦，琉璃滴水，青砖墙，花岗岩墙基	中华人民共和国成立后，用为村生产大队的种子仓库
裔堂戴公祠（七甲厅）	清代	坐西向东，三间两进。总面阔9.9米，总进深20.44米，占地面积207.79平方米。两进均为硬山顶，龙船形山墙，灰塑龙船正脊，碌灰筒瓦，青砖墙	
乡评戴公祠	清代	坐西向东，三间两进。总面阔10.5米，总进深28.8米，占地面积302.4平方米。两进均为硬山顶，人字形封火山墙，灰塑博古脊，碌灰筒瓦，青砖墙，花岗岩墙基	曾用作大队办公室、酒堂、村厂房、配套宿舍

戴氏大宗祠

戴氏大宗祠位于石楼镇赤山东村注礼大街2号。从建筑形制和用材上看，该祠始建于清代，2002年重修。坐西向东，广三路，深三进，总面阔20.65米，总进深39.49米，占地面积1160平方米，其中建筑面积964.50平方米。一进头门面阔三间24.15米，进深两间5.07米。头门两侧有衬祠，左右两边门额篆刻左“既和”、右“虞平”。硬山顶，灰塑博古瓦脊。明间石额阳文刻“戴氏大宗祠”，下方镶有“葛福同享”方印。

头门檐口与后檐各有4根立地花岗岩石柱承托架梁，上采用短柱支托横梁迭金字架承托双坡瓦顶，正门墙上方砖雕、灰塑各种人物图案，两边有一对石狮子。门口西侧竖有一块戒律石碑，门口南北各有一个包台，台阶均用花岗石铺砌，两侧山墙用青砖、石脚砌筑。经天井上十级台阶进入二进。

祠堂南北拖廊均为卷棚顶，斗拱石柱支承。二进大堂面阔三间24.15米，进深三间11.13米。十一架梁用2根方形石柱和4根东京圆木柱连青砖墙承重，柱脚用花岗石覆瓮柱础。正中悬挂“敦本堂”木刻牌匾。

三进后寝面阔三间24.50米，进深三间8.25米。用2根方形石柱和4根圆木柱承托十三架梁后墙(青砖墙)承重。全部山墙用青砖、石脚砌筑，横梁梁托、梁座、檐棚等均采用木雕、灰塑、石雕等工艺刻成各种精致图案。后寝明间后设有始祖戴天则等先人的祭台。该祠是供奉赤山戴氏始祖戴天则之宗祠堂。

戴氏大宗祠于清道光元年(1821)至清咸丰年间(1851—1861)，由戴天则世系各房子孙集资先建头进，又于清光绪四年（1878）加建成三进。清光绪四年二月初四，为戴氏大宗祠竖旗杆日。现存一对旗杆夹上书“嘉庆十六年末科会试，钦赐翰林院检讨戴思霖立”；“光绪四年出科会试，钦赐翰林院编修戴熙载立”。戴氏大宗祠门前玎地坪，有池塘，后因做操场填平。

解放初期，赤山小学校设在该祠，横梁写上“赤山小学校”，门口两边挂一对联“教育即生活，学校即家庭”。戴氏大宗祠保存完好，2001年全面重修，保持原貌。现为村文化康乐中心。

戴氏大宗祠正门

戴氏大宗祠头门

衬祠

天井

敦本堂

神龛

木雕（一）

木雕（二）

木雕（三）

木雕（四）

山顶灰塑（一）

山顶灰塑（二）

山顶灰塑（三）

镬耳封火山墙

陈氏大宗祠

陈氏大宗祠位于赤岗村聚星大街1号。堂名“萃思堂”。该祠供奉陈氏七世祖和八世祖(石楼陈敏行为一世祖)，七世祖名陈缔德，字俊庵；八世祖长为陈真宝，次为陈真养。根据历史查考，建祠时间在清代咸丰年间(1851—1861)，距今150多年。

该祠坐北向南。门前是聚星大街，前有一大广场，现改建成村心公园。建筑面积1361.30平方米。为三进两天井一月台。前天井原有东西走廊和庑廊，由于早期改建为萃思学堂，东走廊已拆去，西走廊改成学校教学楼(俗称公局)。全祠为青砖墙，花岗岩石脚，硬山顶。

一进头门面阔三间14.30米，进深两间8.70米。用6根方形石柱和2根圆红木柱立地承托梁架。大门前后共有4个包台，均为宽4.18米、深3.58米、高0.88米。门前一对花岗岩制作的南狮，威武雄壮。头门后一天井纵深11.50米。经天井上月台，月台面阔11.20米，进深10.20米，面积114.24平方米。

二进大堂面阔三间15米，进深三间12米。用4根方形石柱和4根圆红木柱立地承托梁架。大堂两侧均有廊庑，早期作学校课室，现作储物室。二进后天井纵深6.10米。

三进后寝面阔三间15米，进深三间12米。用2根方形石柱和4根圆红木柱立地承托梁架。二进和三进由回廊相通。

祠内横梁及瓦底檐楣有木雕飞禽走兽，山脊灰塑龙船形，上有“二龙戏水”。门前砖雕人物、花鸟虫鱼栩栩如生。

陈氏大宗祠是抗日游击队驻地。1940年、广游二支队的领导叶向荣、郑少康、岑公汉等在该祠办学(即萃思学堂)。借教书进行地下活动，成立党支部，发展“友联社”“小鬼队”，培养一批革命青少年。该村参加抗日救亡运动成员有戴流、戴耀、陈柏铸、陈耀亨、陈会甜、陈始辉、陈烈华、陈福基、陈庆秋等。戴耀后来任东江支队大队长；陈耀亨曾收留和保护二支队一批伤兵在该村二踏墩鸭寮养伤，使他们能重返前线；陈柏铸在“友联社”任社长，领导“小鬼队”进行抗日救国宣传工作，后任独立十六团连长、营参谋。这些革命志士为创建革命老区立下功绩。

该祠于2003年10月至2004年10月重修，保持原貌，并将过去已拆毁的物件重造，共耗资人民币50万元。重做的有门前悬挂对联“宅是南交占星太史，源于东晋树厥将军”，落款“癸未秋吉日韩威生书”；大堂上挂的“萃思堂”横匾，由广州市荣誉市民、旅港乡亲陈启发题书；大堂后有六扇屏风，上有梅、兰、菊、竹、松、牡丹等图案；后寝前有八扇屏风，后有神龛、神主、拜台。新建的有大堂后柱悬挂对联“贤士爱乡厚泽高风标族史，族人创业展才献策显贤能”；后寝后柱悬挂对联“萃聚英贤裕后光前昭世德，思怀祖考慎终追远振家风”。两对联均为石楼陈铭新撰书。三进均为硬山顶，人字封火山墙，灰塑龙船脊，碌灰筒瓦，青砖墙，头门为花岗岩墙基，中堂、后堂为明代风格的红砂岩墙基。头门前廊两次间筑有花岗岩台基，明间前立一对花岗岩石狮，正中挂“陈氏大宗祠”木匾。中堂前有一月台，铺红砂岩石板，两侧原为廊庑，现已改建。中堂用四根圆木金柱支撑，明间正中高处悬“萃思堂”木匾。后堂前有一天井，两侧带两廊，后堂明间后侧设神台，供奉祖先牌位。

“陈氏大宗祠”木刻横匾

陈氏大宗祠头门

二进

萃思堂

二进（背面）

神龛

木雕（一）

木雕（二）

木雕（三）

木雕（四）

石庄戴公祠

石庄戴公祠位于石楼镇赤山东村石庄大街。据族人介绍，该祠始建于清代，1996年改建为工厂宿舍。坐西北向东南，三间两进，总面阔11.37米，总进深26.62米，占地面积302.7平方米。两进均为硬山顶，灰塑博古脊，人字形封火山墙，碌灰筒瓦，青砖墙，红砂岩墙基。头门明间有红砂岩石门夹，门额上石匾刻“石庄戴公祠”，头门内外墙楣均绘有精美壁画，内容丰富，栩栩如生。后堂的左右墙和后墙为蚝壳墙，颇具岭南建筑特色。该祠堂对研究番禺祠堂艺术和文化提供了历史实物。

石庄戴公祠

石庄戴公祠头门

日新戴公祠

日新戴公祠位于石楼镇赤山东村乐隐大街。据族人介绍，该祠始建于民国时期。坐西向东，三间两进，总面阔11.9米，总进深25.07米，占地面积386.26平方米。两进均为硬山顶，镬耳封火山墙，灰塑雕花博古脊，碌灰筒瓦，琉璃滴水，青砖墙，花岗岩墙基。头门前廊左右次间，建有花岗岩台基，明间有花岗岩石门夹，门额上悬石匾阳刻“日新戴公祠”，头门前梁架和斗拱均有雕花。头门后为天井，铺花岗岩条石，天井右侧墙体按照壁形式建造，灰塑博古脊，墙体中间嵌有琉璃花窗，左侧为廊。后堂前廊左端有一石门，门上嵌有“诵芳”石匾，相对的右边墙体嵌“思孝”石匾。后堂明间原装有木雕屏门。祠堂左路建有青云巷，上刻“挹光”。该祠堂木雕、砖雕手工精细，具有相当的工艺水准。

日新戴公祠

乐隐戴公祠

乐隐戴公祠位于石楼镇赤山东村乐隐大街28号。据族谱记载，该祠始建于明末，清乾隆二十五年（1760）重修，1949年后改建。坐西向东，三间三进，总面阔13.01米，总进深31.77米，占地面积423.54平方米。头门和后堂为硬山顶，人字封火山墙，灰塑龙船脊，碌灰筒瓦，青砖墙，头门花岗岩墙基，后堂为红砂岩墙基。头门明间门额上悬木匾刻“乐隐戴公祠”，木匾两侧为精美木雕。头门后为天井，两侧为前廊，天井后为红砂岩和青砖砌墙的仪门，石门额上刻“礼庭在望”，下款为“乾隆庚辰孟冬”。仪门和后堂之间为天井，两侧原有廊。祠堂的木雕、砖雕工艺精致，具有一定的艺术价值。

乐隐戴公祠头门

林隐公祠

林隐公祠位于石楼镇赤山东村，坐西向东。头门形制凹字门头，原三间二进，总面阔9.51米，总进深8.34米，总占地面积80.69平方米，后寝解放后拆毁。建于清代。

林隐公祠头门

林隐公祠

裔堂戴公祠

裔堂戴公祠位于石楼镇赤山东村注礼大街。从建筑风格及用材上看，该祠始建于清代。解放初期用作第三生产队队址后，空置至今。坐西向东，三间两进，总面阔9.9米，总进深20.44米，占地面积207.79平方米。两进均为硬山顶，龙船形山墙，灰塑龙船正脊，碌灰筒瓦，青砖墙。头门建在花岗岩台基上，明间花岗岩石门夹，门额上石匾刻“裔堂戴公祠”。头门后为天井，铺花岗岩条石，两侧原有廊，左廊坍塌，右廊改建。后堂为红砂岩墙基，明间有四根圆木金柱，红砂岩柱础，现明间后侧尚存红砂岩石神台。祠堂左侧青云巷门楼，刻“通义”二字。该祠堂与一古门楼相邻，建筑具岭南祠堂建筑特色，虽已残旧，但对研究番禺祠堂文化具有一定历史价值。

裔堂戴公祠头门

二进山顶灰塑（一）

二进山顶灰塑（二）

头门局部

茭塘村
（茭塘东村、茭塘西村）

茭塘位于石楼镇北面，东临狮子洋，东南是莲花山，始建于宋代。相传，宋时茭塘一带位处珠江口，只有鹰莞岭、护龙岭、横岗头等几个小岛，地势低的田地生长着大量的茭笋，涨潮时形成天然茭笋塘，人们便把该村称为茭塘。当地是咸淡水交界水域，鱼、虾、蟹、蚝等水产丰富，吸引了一些渔民在此打鱼，靠岸栖身。时有曾姓渔民在村附近海面打鱼、晒网，并逐渐定居下来，成为聚居点。

茭塘世居村民主要姓氏为黄、曾、梁、何、郭、苏、林、赖等。他们在不同时期来自不同地方，最晚到来的有林姓、赖姓，他们于1957年从广州白云区水库迁至茭塘新村定居。人数最多的是黄氏族人。各姓氏族人不管来自何方，都和谐共处，建设乡村。茭塘是一个较大的自然村，现分为茭塘东、茭塘西两个行政村。

茭塘村内保存了部分古祠堂、古民居、古庙宇，传统文化氛围浓厚。

茭塘村全景图

表6

茭塘村历史人物表

姓名	事迹
黄亮仁	慈善家，曾独力捐万金修建金鸡岗至明经之石路，长十里。光绪年间直隶水灾，捐赈千金，清廷赏给“乐善好施”匾额
黄益堂（1859—1942）	早年在日本留学，毕业后曾任清廷驻日本公使参赞。参与维新变法，逃亡到马来亚，经营橡胶园和开采锡矿。加入同盟会，参加民主革命。抗日战争期间，捐款支援抗战及救济难民，参与组织8批华侨技工返国抗战。1941年辗转回国。1942年11月在昆明逝世
黄　炯（1896—1937）	又名黄尚锦，革命烈士。1935年参加革命，山东省胶东地区抗日游击队战士。1937年8月，在山东省胶东地区因叛徒出卖被捕杀害
黄继芳（1906—1970）	广东省农业科学院水稻研究所研究员、副院长，水稻育种专家。第三届全国人民代表大会代表。20世纪50年代育成“广场矮”“珍珠矮”等水稻良种，领导和推广水稻矮化育种工作
黄　桂（？—2001）	香港利民橡胶制品厂董事长、香港石楼同乡会会长。1988年以来，黄桂先后捐资40万港元修建村道和“利民亭”“思乡亭”，修建村的小桥、村道，铺设自来水管，捐资兴建茭塘学校，累计捐资达395万港元。1991年7月，被广州市人大常委会授予“广州市荣誉市民”称号
黄　威（1932—2000）	加拿大温哥华华埠商会主席、元昌食品制造集团董事长兼总经理。从1986年开始，先后捐款建茭塘村教学基金楼、文化室，以及捐助自来水供水工程，共捐款人民币112万元。1995年12月，被番禺市人大常委会授予“番禺市荣誉市民”称号
戴　流	解放战争时期加入禺南武工队。中华人民共和国成立后一直在番禺工作，任公社党委书记、县物资局局长、县计划委员会主任等职

黄氏大宗祠

黄氏大宗祠，始建于清光绪八年（1882），1999年集资重修。坐北向南，广三路，深两进，中路三间两进，总面阔28.24米，总进深42.77米，原占地面积1216.44平方米。该祠堂建筑风格传统古朴，规模较大，两进均为硬山顶，人字封火山墙，灰塑雕花博古脊，青砖墙，花岗岩基础。头门前廊两次间建须弥座花岗岩台基，明间有花岗岩石门夹，门额上嵌石匾刻“黄氏大宗祠”，上款“光绪八年壬午吉旦”。后堂前有一月台，石围栏望柱上雕有石狮。天井与月台两侧为廊庑。后堂明间悬木匾刻“永昌堂”，两侧建有厢房。祠堂左右路建有青云巷和钟鼓楼，均为硬山顶，人字封火山墙。青云巷左匾刻“中履”，右匾刻“蹈和”。

黄氏大宗祠

二进

三进

天井

神龛

连廊

狮型石雕

雀替

山顶灰塑（一）

山顶灰塑（二）

山顶灰塑（三）

山顶灰塑（四）

山顶灰塑（五）

山顶灰塑（六）

木雕（一）

木雕（二）

木雕（三）

木雕（四）

道长黄公祠

道长黄公祠，始建年代待考，为清代建筑风格。该祠曾多次重修，1998年改建为村幼儿园时也做过修缮。坐东向西，原为广三路，深三进，总面阔26.35米，总进深44.58米，原占地面积1187.58平方米。现仅剩下中路头门、后寝及左路青云巷与钟鼓楼。中路建筑为三间三进。硬山顶，人字形封火山墙，灰塑博古脊，青砖墙，红砂岩墙基。头门明间悬木匾刻“道长黄公祠”，头门梁架雕饰精美。头门后至后堂前已改建成幼儿园。后堂基本保持原状，其前廊与内部共有八柱支撑。左路青云巷和钟鼓楼保留相对完整。

道长黄公祠

“道长黄公祠”木刻牌匾

道长黄公祠头门

石雕（一）

石雕（二）

花窗

石础

木雕（一）

木雕（二）

木雕（三）

木雕（四）

灰塑

雀替

山顶灰塑（一）

山顶灰塑（二）

壁画（一）

壁画（二）

壁画（三）

壁画（四）

表海黄公祠

表海黄公祠，始建于清同治六年（1867），20世纪90年代重修。坐北向南，广三路，深三进，总面阔24.52米，总进深53.53米，占地面积1175.13平方米。中路为硬山顶，人字封火山墙，灰塑龙船脊，青砖墙，花岗岩墙基。头门建在花岗岩台基之上，明间有花岗岩石门夹，门额上石匾阴刻“表海黄公祠”，上款“同治丁卯”，落款“孙景义敬书”，墙楣绘有山水、人物壁画。二进中堂建有前廊，明间设屏门。后堂前有天井，两侧为廊。左右路建有青云巷、钟鼓楼和衬祠。钟鼓楼高两层，硬山顶，灰塑博古脊。该祠堂是番禺境内建筑规模较大的祠堂之一，整座祠堂的梁架和斗拱均有精美木雕，壁画亦精美，艺术价值较高，为典型岭南建筑风格。

表海黄公祠

旗杆夹石

表海黄公祠头门

衬祠

山顶灰塑

木雕（一）

木雕（二）

雀替（一）

雀替（二）

石雕（一）

石雕（二）

砖雕（一）

砖雕（二）

壁画（一）

壁画（二）

壁画（三）

壁画（四）

半峰黄公祠

半峰黄公祠，始建于清光绪六年（1880），1928年迁建至现址。坐东北向西南，广三路，深两进。中路建筑为面阔三间12.5米，总进深24.12米，占地面积304.94平方米。两进均为硬山顶，人字博古山墙，灰塑雕花博古脊，青砖墙，花岗岩墙基。头门建在花岗岩台基上，明间有花岗岩石门夹，门额上石匾刻“半峰黄公祠”，上款“民国十八年己巳冬月”。天井铺花岗岩条石，后堂明间悬木匾刻“敬业堂”，上款“光绪六年庚辰孟冬吉旦”。祠堂两侧建有青云巷门楼，左巷石门匾刻“聚秀”，右巷石门匾刻“流芳”。

半峰黄公祠头门

壁画

半峰黄公祠左侧“聚秀”门楼

二进

连廊

“敬业堂”木刻牌匾

神龛

砖雕（一）

砖雕（二）

石雕

雀替

壁画（一）

壁画（二）

壁画（三）

壁画（四）

文武庙（茭塘村）

文武庙，位于茭塘东蒲江大道，始建于清道光十一年（1831），咸丰十一年（1861）重修，光绪十八年（1892）迁建至该址，1988年再次重修。坐西向东，三间三进，总面阔11.54米，总进深17.4米，占地面积为254.41平方米。山门与后殿为硬山顶，双镬耳封火山墙，灰塑雕花博古脊，青砖墙，花岗岩墙基。山门建在花岗岩台基上，明间为花岗岩石门夹，门额上石匾阴刻“文武殿”，上款“光绪岁次壬辰迁”，落款“谢家杰敬书”。门框两边刻有对联，墙楣绘有山水壁画。二进为拜亭，人字形顶，两侧墙楣有精美灰塑彩画，为番禺罕见。庙内嵌有碑刻5方。庙前有一个花岗岩石平台，周边有围栏，高约2.5米。庙左侧有一座五层高的六边形小砖塔。

庙的门口上方有花岗岩石横匾一块，用草书刻有“文武殿”。门口两旁也用花岗岩石镶嵌在墙上，刻有“阴骘两言文字骨，春秋一卷圣神心”的隶书对联。对联的边缘雕有花纹，顶部有花絮，下部雕有花篮。门前石柱雕有人像。横梁有木雕，雕刻着各种图案，雕纹精巧细腻，手工精致。墙上绘有山水画，山墙正面有砖雕。中殿为香楼，南北两侧山墙有灰塑壁画。后殿在供台上安有文昌帝君和关帝的泥塑像。该庙有较高的历史与艺术价值。

文武庙

文武庙石刻牌匾

文武庙头门

屏风

石碑

天井

神龛

石雕

雀替

木雕（一）

木雕（二）

壁画（一）

壁画（二）

壁画（三）

壁画（四）

包相府

包相府，位于茭塘村蒲江大道文武庙左侧，始建于清光绪十八年（1892），1926年重修。坐西向东，单间两进，总面阔6.81米，总进深15.11米，占地面积92.99平方米。山门与后殿均为硬山顶，镬耳封火山墙，灰塑博古脊，青砖墙，花岗岩墙基。山门形制为凹门斗，明间门额上嵌石匾刻“包相府”，上款“民国丙寅季冬吉日”。山门与天井间有一隔墙，左右各开一小门通往后殿，侧墙嵌有清光绪十八年（1892）碑记，后殿供奉包公和文武官雕像。山门与天井左侧各有一间厢房。该建筑与文武庙并排而立，庙前有一花岗岩露台，高约2.5米，前有梯形台级。

包相府头门

烧香塔

天后宫（茭塘村）

天后宫，位于茭塘东沙边大街天厚巷。始建年代待定，清光绪戊申年（1908）重建，改建较多。坐西北向东南，原为三间两进，现仅剩下头门牌坊、左右两次间和后殿，总面阔11.5米，总进深18.8米，占地面积149.83平方米。后殿硬山顶，所剩建筑为青砖墙，花岗岩基础。头门花岗岩牌坊上刻“天后宫”，上款为“光绪戊申年重建”，后殿正间仍供奉天后娘娘像，其余房间供人居住。

天后宫头门

壁画

仪门

古民居

石楼传统民居有单体民居，小型民居多为单体一层加天井，中型民居多在三间两廊的基础上增加半层的阁楼，建筑面积多在90平方米以下。组合型民居一般由两座单体民居组合而成，一是在二层三间两廊加倒座的广府民居建筑，往往围合成一个小型的四合院空间；二是前厅加书房的结构。中西合璧的民居，一是三间两廊的单层或楼式住宅，这种建筑有两种情况，第一种是不改变层次，直接在传统的三间两廊基础上饰以西式风格装修，第二种是在传统的三间两廊基础上加建二三层；二是被称为“庐”的别墅式民居。

茭塘村牌坊

“余庆”门楼

“德馨里”门楼

“耀德门”门楼

钟秀街26号民居

“兴仁里”门楼

聚秀街镇南巷

“挹爽”门楼

“村心”门楼

村心上街

村心池塘

蚝壳墙

村心上街九如巷

雍和巷民居（一）

雍和巷民居（二）

沙边大街挹清巷

德厚一巷

沙边大街13号古民居

古桥

菱西洪圣庙位于石楼镇菱塘西村圩心街6号，是祭祀洪圣王的庙宇。该庙始建于清乾隆十九年(1754)冬，清同治十三年(1874)、民国7年(1918)两次重修。建筑坐东向西，建筑面积99.32平方米，庙后还有一个面积51平方米的花园。建筑为硬山顶，马鞍形封火山墙，四周青砖墙，花岗岩基础。面阔6.10米，深二进16.00米，建筑面积97.60平方米。石门额“洪圣庙”为黄永恩手迹，两边镶嵌对联“面目重新辉北坎，声灵依旧镇南离”，下款没有署名。据村民说，始建门额横匾是木制的，后改用花岗岩石打造。庙内保存有重修碑记。

“洪圣庙”石刻牌匾

洪圣庙头门

洪圣庙

香塔

韦陀庙

韦陀庙头门

香塔

神龛

观音殿头门

观音像

玉虚宫

利乡亭

公所

清末民初，一些乡村行政机构改设为乡公所。乡公所具有自治性质，负责处理乡中事务、召集村民议事、敬神祭祀等。茭塘乡公所，建于1918年，位于茭塘西墟心街8号洪圣庙右侧。坐东北向西南，单间两进，总面阔4.56米，总进深10.78米，占地面积49.16平方米。两进均为硬山双坡顶，灰塑博古脊，青砖墙。头门形制为凹门斗，门额上花岗岩石匾刻“公所”二字，石额上饰壁画。

公所

跃龙桥

桥梁是珠江三角洲河网地带村落的重要建筑，是村民的交通要道。茭塘有跃龙桥，是广州市文物保护单位。跃龙桥位于茭塘西墟心街和利民路交合处，始建于清乾隆十二年（1747），横跨于门口涌上，南北走向，为红砂岩石砌筑的三孔石拱桥。桥长21.04米，宽3.73米，面积78.04平方米。桥面铺花岗岩台阶，相邻石块间均凿出燕尾榫槽，用铅灌铸进行加固，南北有引桥。桥墩东西侧均有分水尖和凤凰台。桥正面中孔顶部红砂岩石匾阳刻“跃龙”二字。与此桥相临有座洪圣庙，庙内有“跃龙桥碑记”石碑一方，碑文如下：

茭之村南，四达衢也。中距一水，横渡以舟，由来旧矣。顾上落稽迟，行者厌之。岁丁卯，约西诸君子倡建石桥，非徒为一劳永逸计，并欲接龙脉而关键之也。一时宗公及好义辈慨然乐助，遂三越月而成。迄今题柱者于斯，折柳者于斯，前歌后讴者于斯，桥之利洵溥哉！乡人士不言所利，故代为之言。赐进士出身、文林郎、候选知县、丙辰恩科经魁黄壮撰。闽省大堪舆兆升林先生定向。

跃龙桥

后岗炮楼

民国初期，地方政府对各乡村管治不善，社会治安较差，盗、抢、打劫情况较为严重。茭塘地点偏远，各乡经常纠集成帮派为一己之私相互争夺，茭塘村地处番禺偏角，随时会遭受劫村之灾。出于维护村民利益，村中父老及有识之士建议为保护村民生命财产应在各处关要之处修建炮楼。现仍保存有3座炮楼。3座炮楼处于村落的两个制高点和一处进出村落的必经之路上，在1921年由茭塘村统一规划修筑，均为混凝土、砖、钢板砌筑，内膛折上式三层结构。都采用圆柱外形，每层环周开设枪炮眼。炮楼墙身厚均为0.6米，高度、直径不一。

后岗炮楼坐落于茭塘西村后岗。坐东向西，平面呈圆形，直径4.5米，墙厚约0.6米，占地面积12.6平方米。炮楼高三层，约10米，膛内设木梯折上。每层外墙开设枪炮眼，顶端露台为瞭望台。在炮楼西南向6.5米处有一青砖砌筑的门楼，上刻“雄风启秀”。门楼与炮台间以石台阶相连。茭塘村的三座炮楼是番禺现存最大规模的炮楼群，在当时的社会状况下的确起到了保护村里的平安作用。

后岗炮楼

桥头炮楼

桥头炮楼位于茭塘村墟心街跃龙桥头。该炮楼始建于1921年。坐南向北，青砖砌筑，平面呈圆形，直径5.4米，墙厚约0.6米。炮楼高三层，膛内设木梯折上。每层外墙开设枪炮眼，顶端露台为瞭望台。炮楼与该村的后岗炮楼首尾相望。

桥头炮楼（近）

桥头炮楼（远）

崔官岭炮楼

崔官岭炮楼位于茭塘德厚东二巷。始建于民国时期。坐南向北，平面呈圆形，直径5.4米，墙厚约0.6米，高约9米，占地面积22.9平方米。炮楼高三层，膛内设木梯折上。每层外墙开设枪炮眼，顶端露台为瞭望台，可俯视全村大街小巷，也可监视东西和东北面从水路入村以及西南面从陆路入村的情况，起到一定的军事防御作用。

崔官岭炮楼

扒龙船

扒龙船习俗，按程序举行起龙、请龙、洗龙、采青、洗龙舟水、吃龙舟饭、藏龙等仪式。村内大部分年满18岁以上的男村民都踊跃参加扒龙船活动。

龙船头

龙船浆

扒龙船（一）

扒龙船（二）

岳溪村

岳溪村位于石楼镇西面，距镇政府约3千米，相邻的自然村东有大岭村，西是官桥村，东南是赤山村。岳溪村内分为东成、大社、永胜、塘头、西约、应塘6个坊。该地原为莲花山西面4千米小海湾（白沙湖）中孤岛，冲积成陆地后，背靠西岗形成村落。其中，一村名“溪头”，因地处山溪上游而得名；一村名“岳潭”，因背靠山，旁有山水冲刷成潭而得名。清代，两村合并为岳溪村。岳溪村靠山近水，风景秀丽。

岳溪村是多姓氏聚居村落，村民姓氏有20多个，主要姓氏有梁、何、孟、冯、黎、林、郑、杨、骆、郭。村内东成、永胜、大社3坊村民大多是明代九屯军户的后裔。明洪武八年（1375），明王朝在广州设卫所，其中广州左卫三所九屯，即田步、官桥、明经、石碁、官涌、沙涌、榄山、石头、新桥，附于番禺县沙湾、茭塘两巡检司，戍兵种田。清雍正三年（1725），裁并各卫所，九屯的田、粮、丁并归番禺县，屯兵落籍当地。九屯人来自五湖四海，姓氏众多，他们和谐共处，共同建设乡村。

岳溪村全景图

古街巷（岳溪村）

永胜一街一巷民居

永胜一街二巷民居

“余庆里”门楼石刻

“余庆里”门楼

“龙楼里”门楼

永胜一街四巷民居

古树（一）

古树（二）

东岳庙

神龛

观音古庙（一）

观音古庙（二）

何氏家风

岳溪是澳门卓越的企业家、社会活动家何贤的故乡。岳溪何氏有忠义仁厚、乐善好施的传统家风。何贤（1908—1983），澳门著名爱国商人，曾任第六届全国人大常委会委员、澳门中华总商会会长、澳门立法会副主席等职。多年来关心家乡，无私支持家乡建设。何添（1908—2004），曾任香港恒生银行常务董事、香港番禺工商联谊会永远荣誉会长等职。多年来关心家乡，热心家乡建设。何贤的父亲何澄溪在广州经营航运，待人和蔼，热心社会福利。1947年，何贤、何添兄弟就捐款扩建家乡的岳溪学校。中华人民共和国成立初期，何贤以外币存款进口大批化肥，使受灾农村早日恢复生产。20世纪50年代至60年代初，何贤向番禺县和岳溪乡捐赠汽车、拖拉机、机器、发电机、机床、汽油、药品、化肥、农药等，总价值人民币400多万元，对番禺的经济发展做出重要贡献。改革开放以来，何贤、何添兄弟对番禺家乡公益和建设，捐助尤多。20世纪70年代末起，先后助建大石大桥、洛溪大桥、番禺宾馆；为县人民医院捐建澄溪楼、碧秋楼，添置医疗设备；捐资重建莲花塔，还为石楼镇和岳溪村兴建多项公益福利设施。为改善县妇幼保健院的条件，何贤亲自在市桥选址新建医院，即现在的何贤纪念医院。

何贤对子女注重言传身教，从小培养他们爱国之心，树立服务桑梓的品德。何贤儿子何厚铧秉承父母爱国、爱乡的“何氏家风”，在中葡两国签署关于澳门问题的联合声明生效起的11年过渡期中，一直投入澳门回归祖国的建制准备工作，成为中国澳门特别行政区第一、第二任行政长官，并当选为全国政协第十二届委员会副主席。岳溪何氏一家有近10人被授予“广州市荣誉市民”称号。

岳溪村村貌

蛇药仙方碑

在岳溪村岳溪大道塘大一街街口竖着一方“毒蛇咬伤仙方”石碑，据村中老人说：此碑已有百年历史，推断为清代立，近年修补。碑体为花岗岩，呈长方形。碑刻为阴刻繁体楷书。碑文如下：“毒蛇咬伤仙方，口仙、灵脂、甘草、白芷、口萸、贝母、雄黄。此药每味五钱，酒水各半煎服，再用药渣顺擦伤处即愈。”据说曾有被蛇咬的人，按碑上药方处理蛇伤，颇有效。

蛇药仙方碑

何澄溪小学

何澄溪小学原为岳溪乡立小学，始建于1934年，是番禺地区3座现存较好的民国年间乡学（松露小学、茂生纪念学校、岳溪乡立小学）建筑遗址之一。

学校于1934年建成门楼、办公楼、礼堂。据办公楼大门左侧墙基上镶嵌的碑铭记载："民国廿三年十一月十二日奠基，校长梁程伟立石。"学校正门为两柱拱形西式门楼，两侧修筑围墙，办公楼为混凝土、红砖砌筑，正面为意大利石米批荡，原顶层西式山花上以灰沙砌塑学校名称及施工单位落款。办公楼分两层，首层的"教务处"铭牌仍清晰可见，地面铺砌精美的菱形花纹地砖，沿木梯上二楼为教师宿舍。

办公楼与礼堂之间有一小天井，两边种植两株高大的米兰，礼堂左后方种植一棵南洋棕榈树与之呼应，显得高雅和谐。礼堂略显教堂风格，为长方形、中西合璧式建筑，混凝土砖木结构，混凝土梁架上以木架支撑顶面，屋顶铺砌灰瓦，檐口为绿色琉璃瓦沿边，大门开在正面，东面开一侧门，东西两侧分别开四个窗，建筑外围环绕着围栏。一、二期教室位于办公楼与礼堂东侧偏西，两组建筑构成约30度的夹角。

据镶嵌在教学区的一块碑铭记载："澄溪堂，何澄溪捐建，民国卅六年三月。"又据镶嵌在教学区的另一块碑铭记载："孝思堂，何相添、何相贤为纪念其先慈邓氏、先庶慈梁氏捐建，民国卅六年三月。"可见，1947年建造的教学区为何澄溪捐建及其子何添、何贤以纪念两人生母的名义，同时捐建。教学区教室呈"田"字形布局，教室之间以通道相隔。岳溪乡立小学的扩建和使用，一直延续到中华人民共和国成立初期。在教学区门口镶嵌的碑铭上有"思贤堂，何贤先生于1954年捐赠……"等字样。

现学校经改造扩建，名为何澄溪小学。

何澄溪小学旧址大门（外）

何澄溪小学旧址大门（内）

何澄溪小学旧址大门（侧）

何澄溪小学青砖外墙

何澄溪小学操场（一）

何澄溪小学操场（二）

何澄溪小学旧址礼堂（一）

何澄溪小学旧址礼堂（二）

何澄溪小学红墙（一）

何澄溪小学红墙（二）

端午龙舟节

岳溪村有两艘龙船，每年端午节都举行扒龙船活动。村民按程序举行起龙、请龙、洗龙、采青、洗龙舟水、吃龙舟饭、藏龙等仪式。村内大部分年满18岁以上的男村民都踊跃参加扒龙船活动。按惯例参加石楼地区的龙船景竞渡，一般是农历五月初一大岭景，初二茭塘景，初三石楼景，初四赤岗景，初五在本村或参加番禺区在市桥举办的龙舟竞渡活动。

龙舟竞渡

官桥村

官桥村，位于石楼镇西面，距镇政府约4千米，东与岳溪、赤山相邻，北与化龙镇山门相接，西与石碁镇凌边相连，南与石碁镇永善相望。村分东、南、中、西、北五约。始建于明洪武八年（1375），官桥黄地原为明洪武八年（1375）在番禺沙湾、茭塘两巡检司地所置九屯中的官桥屯驻地。清雍正三年（1725），屯兵被遣散归地方，逐渐繁衍成村。相传，某知县在黄地村头外修建一桥，便利村民往来，人们称此桥为官桥，村亦取名官桥。

著名人物：

韩海（1677—1736），清雍正元年（1723）举人，十一年（1733）进士，任封川县教谕。著有《东皋诗集》《东皋文集》。

韩嘉谋，韩海族兄，能诗善画，尤善绘墨竹，气格沉厚。一生不应考，后入峰山海云寺出家，拜丞是（天然和尚）为师，法名古咸。著有《初复集》。

官桥村全景图

古街巷（官桥村）

官桥为多姓氏村民聚居村，主要姓氏有黄、袁、梁、陈、周、张、简、伍、韩，大多是明代从外地迁入。其中，袁姓据说原籍为江西袁州宜春县，其祖于南宋绍兴元年(1131)因避战乱南迁广东南雄柯树乡隐居，至十世迁居东莞茶山，十七世于明崇祯年间（1628—1644）分支番禺官桥袁地。

官桥牌坊

敬甜亭

桥联正街

桥联正街3号民居

殿南袁公室

新村大街八巷民居

新村大街十巷民居

袁氏宗祠

袁氏宗祠，始建于明万历三十年（1602），清道光二十五年（1845）、光绪三十年（1904）、1989年和1998年均有重修。坐东向西，广三路，中路为三间三进。总面阔24.96米，总进深48.71米，占地面积907.71平方米。中路为硬山顶，人字封火山墙，头门和后堂为灰塑博古脊，中堂为灰塑龙船脊，青砖墙，花岗岩墙基。头门前廊两次间建花岗岩台基，明间花岗岩石门夹，门额上石匾阳刻“袁氏宗祠”。中堂前有月台，堂内悬“克昌堂”牌匾，后堂悬有“仁惠流芳”木匾，明间后部花岩石供台，供奉袁崇焕像。祠堂左右路建有青云巷和钟鼓楼，左巷石匾刻“莺飞”，右巷刻“凤舞”，入巷可通天井和月台两侧廊庑。该祠堂历史悠久，风格传统。

袁氏宗祠

袁氏宗祠头门

衬祠

雀替（一）

雀替（二）

头门局部

二进

二进背面

“克昌堂”木刻牌匾

神龛

山顶灰塑（一）

山顶灰塑（二）

木雕（一）

木雕（二）

墀头盘头上的灰塑（一）

墀头盘头上的灰塑（二）

松庵黄公祠

松庵黄公祠，建于清代，2000年重修。坐南向北，三间三进，总面阔10.35米，总进深28.44米，占地面积298.13平方米。

“松庵黄公祠”石刻门额

松庵黄公祠头门

梁架

二进天井

“流光堂”木刻牌匾

连廊

天井

神龛

木雕（一）

木雕（二）

壁画（一）

壁画（二）

陈氏宗祠

陈氏宗祠，始建于1932年，2005年重修，占地面积637.89平方米。祠堂坐西向东，总面阔三间10.31米，总深两进20.51米，建筑面积205.64平方米。头门面阔三间10.18米，进深两间6.57米共9架。硬山顶，人字封火山墙，灰塑博古脊，碌灰筒瓦，青砖墙，花岗岩石脚。前后廊各有4根石檐柱。花岗岩石门夹，石额阳刻“陈氏宗祠”。前廊次间有花岗岩石包台和虾公梁，梁上有异形石斗拱。青石挑头雕刻戏曲人物造型。地面铺花岗岩条石。后堂面阔三间10.18米，进深三间9.57米共15架。2根石前檐柱和4根坤甸木圆金柱。后堂前有天井带两廊，六架卷棚顶。天井铺花岗岩条石。

陈氏宗祠头门

陈氏宗祠

青砖墙

二进

头门背面

“集贤堂”木刻牌匾

神龛

屏风

木雕（一）

木雕（二）

山顶灰塑（一）

石雕

山顶灰塑（二）

雀替

官桥土地公雕像

官桥土地公雕像，雕制于明朝，现立于方形红砂岩神龛内。神龛宽0.6米，长0.78米，高0.81米。雕像高0.46米，宽0.32米，厚0.16米。雕像为红砂岩质的土地公神像，人物头戴方帽，面容慈祥，留长须，身着明朝官服，右手持如意，左手持金元宝，体态栩栩如生。神龛右侧设一红砂岩聚宝盆，前有麻石铺的平台。村民常年供奉神像，香火不断。2011年1月被公布为番禺区登记文物保护单位。

官桥土地公雕像

胜洲村

胜洲村位于石楼镇东北面，距镇政府约7.5千米，西邻化龙镇明经，南连茭塘，北接化龙镇复甦，东临狮子洋。始建于元末，因人口迁入而形成。由于该村四周河涌，外枕大洋，内藏小海，土地贫瘠，交通不便，像个孤岛，被外人称之为“独洲”；传说在晚清时曾有陨石降下，村民认为是“圣物”，遂改村名为“圣洲”，“圣”与“胜”谐音而取名胜洲。

胜洲村是多姓氏村民聚居的村落，主要姓氏有卢、罗、朱、叶、陈、王、李、张。据传最早在胜洲定居的是叶姓。陈姓原籍江西泰和，北宋天圣元年(1023)迁至广东南雄珠玑巷；南宋初年迁到番禺大岭，三世其中一支移居胜洲。王姓原籍山西太原，北宋崇宁五年(1106)迁至广东南雄珠玑巷，南宋咸淳九年(1273)迁至番禺榄山，元至元二十四年(1287)移居榄塘，元至大元年(1308)一支移居胜洲。

著名人物：

陈伟宏，又称陈惠文，商人，目睹家乡经常遭土匪抢劫，出资兴建东炮楼及西炮楼，作防御设施。抗日战争时期，日本侵略军入侵胜洲村，陈伟宏曾率村民抵抗，因敌众我寡，被迫撤离，其居住的耀辉家塾被日本侵略军烧毁。

李伟生（1920—1944），1943年参加广游二支队，1944年7月26日在南村镇植地庄与日本侵略军作战中牺牲。

胜洲村全景图

历史建筑

胜洲村历史悠久，现还保留着众多的祠堂、庙宇、炮楼、民居、门楼等古建筑。

村名石

胜洲村牌楼

胜洲村村貌

古桥

表7　　胜洲村现存祠堂一览表

祠堂名称	始建时间	重修时间	建筑规模与布局	备注
陈氏宗祠（振德堂）	清乾隆三十九年（1774）	1999年重修	坐东北向西南，广三路，中路三间三进。中路建筑面阔9.8米，进深31.58米，建筑面积315.62平方米	
恒集陈公祠	清光绪年间	1937年重修	深一进，建筑面积28.60平方米。硬山顶，青砖墙，红石脚	
朝万陈公祠	清光绪十一年（1885）	1935年重修	坐东北向西南，三间两进，总面阔9.78米，总进深15.27米，建筑面积138.84平方米	
李氏宗祠	清同治四年（1865）	1951年重修	深二进，建筑面积80.40平方米。硬山顶，青砖墙，花岗岩石脚	现为李氏家族拜祖及举办喜庆活动之所
王氏宗祠	清初	1930年重修	坐北向南，三间两进，总面阔8.87米，总深进15.27米，建筑面积135.41平方米	现为王氏家族拜祖及举办喜庆活动之所
张氏宗祠	明代	1994年重修	深三进，建筑面积139.00平方米。硬山顶，卷耳封火山墙，青砖墙，红铁矿（水成岩）石脚	现为胜洲张氏家族拜祖祈祷之所

陈氏宗祠（振德堂）

陈氏宗祠又名“振德堂”，位于石楼镇胜洲村祠堂街7号，始建于清代乾隆三十九年(1774)，1999年集资重修。

该祠坐北向南。整体建筑结构为二进，头门为硬山顶，二进为钢筋水泥平顶。头门左右各有衬祠，建筑面积565平方米。主建筑下半墙为花岗石砌筑，上半墙为青砖砌筑，头门框为红砂岩和花岗岩石组成。头门内外4根巨型方石柱支撑，柱顶上托古木花雕(俗称“金钟架”)，横匾题写“陈氏宗祠”金漆大字。左右上墙为各式花鸟纹饰，两侧中墙分别雕刻“天姬送子”及“状元及第”图案。

一进头门面阔三间18.60米，进深两间9.60米。墙上有捐资芳名榜。二进后寝面阔三间18.60米，进深三间21.10米。两侧墙上均有文人墨客题写的书画，堂中立屏风，上绘“起凤腾蛟”及“双凤朝阳”图。两侧仿古小拱门，分别有花鸟纹饰雕塑。4根红木圆柱承托架梁。正中供奉祖先灵位之神龛，前置古木香坛几案，横梁悬挂“振德堂”金漆木隔，左右墙壁嵌有“字辈排名”碑记及“秀才进士登科”碑记。祠堂分支有十三代建的“朝显公祠”及十九代建的“绰堂祖室”。该祠是供奉十一世祖筑洲公的宗祠。

祠堂过去曾作食堂、乡府、小学、民间戏曲排练场，现为陈氏家族拜祖及喜庆摆酒之所。

该祠堂头门修复完好，保持原貌，但二进未按原状修复，而是使用现代水泥钢筋构件。

陈氏宗祠

陈氏宗祠头门

连廊

仪门

神龛

朝万陈公祠

朝万陈公祠位于石楼镇胜洲村颍源大街得胜巷侧。此祠堂建于清代光绪乙酉年(1885)。民国24年（1935），陈氏第二十四代孙陈耀辉重修。

该祠堂坐北向南。整体建筑分二进，硬山顶，青砖墙，红石脚，建筑面积15平方米。正门框为巨型花岗岩石砌筑，横匾雕刻“朝万陈公祠”金漆大字，上方均有各式古木雕花饰。

一进头门面阔9.80米，进深5.50米。内墙碑记有“曾于1935年后座上盖失火摧毁……充宇巍峨宏伟雄壮也”等字样，记录重修历史。

二进后寝面阔8米，进深2.90米。正中供奉祖先灵位之神龛，上题“爱念尊亲”。

朝万陈公祠头门

二进

神龛

李氏宗祠

李氏宗祠位于石楼镇胜洲村南塘大街40号。该祠堂建于清代同治乙丑年(1865)。1951年集资重修。祠堂坐北向南。整体建筑分二进，硬山顶，青砖墙，花岗岩石脚。建筑面积84.40平方米。正门框为花岗岩石砌筑，横匾题刻“李氏宗祠”金漆大字。

一进头门面阔6.06米，进深3.40米。左右壁挂捐资芳名榜。二进大堂面阔6.06米，进深2.30米。正中水泥构件神龛，上有“文远堂”牌匾。现为李氏家族拜祖及喜庆摆酒之所。

胜洲李氏原从钟村石壁分支而来，其旧祠建于今学校门前，但因年久失修早已倒塌，其后人选择现址重建而保存至今。

李氏宗祠头门

神龛

王氏宗祠

王氏宗祠位于石楼镇胜洲村南塘大街54号。该祠约建于清初。1930年集资重修，保持原貌。建筑面积163.70平方米。

祠堂坐北向南。分二进，硬山顶，青砖墙身，花岗岩石脚。正门框为花岗岩石块砌筑，横匾题刻“王氏宗祠”金漆大字。墙壁绘有花鸟嬉戏浮雕图及其他木雕饰。

一进头门面阔10.50米，进深4.60米。四周墙上绘画“龙腾”“教子朝圣”“寿桃”等图案。内有一屏风，上刻一篆体“寿”字。据传新婚之时，新郎新娘必须在此跪拜。二进后寝面阔10.50米，进深3.60米。堂内高挂一幅“大展鸿图”横幅，墙挂捐资芳名榜。左右两侧仿古小拱门而入，后寝正中供奉祖先灵位之神龛，墙嵌字辈排名碑记。瓦脊由粗壮金钟架支撑，后梁下悬挂“环本堂”金漆木匾。该祠是供奉胜洲王氏三世祖宗德公。

该祠过去曾作书斋，“文化大革命”期间作过“革委会”办公室。现为王氏家族拜祖及喜庆摆酒之所。

王氏宗祠头门

二进天井

神龛

张氏宗祠

张氏宗祠

张氏宗祠头门

二进天井

神龛

民居 门楼

“胜洲正道”门楼位于胜洲村正道大街。门楼始建于清代，清宣统二年（1910）重修。坐西南向东北，门楼为四角楼，硬山顶，青砖砌筑，地铺花岗岩条石。面阔4.81米，进深3.52米，高5米。横额石匾刻“胜洲正道”，上款“宣统二年岁次庚戌”，落款“秋季重修吉旦，安保堂立”。

“颍水流长”门楼位于胜洲村颍源大街，与“胜洲正道”门楼首尾相望。该门楼始建于民国5年（1916），1950年重修。坐南向北，面阔4.8米，进深1米，高6.7米。硬山顶，青砖砌筑，地铺花岗岩条石。分上下两层，上层为放哨的阁楼，后墙设有瞭望口，下层门内有粗木门栅，门楼右后侧供奉土地公。横额石匾刻“颍水流长”，取义世泽绵长、子孙繁盛，上款“民国五年冬日吉旦”。两处门楼为防御贼寇而修建。现门栅已拆除。2011年1月被公布为番禺区登记保护文物单位。

“南胜里”门楼位于胜洲村南胜里大街。门楼始建于清道光年间（1821—1850），1991年由王应财捐资重修。坐北向南，面阔2.99米，进深3.38米，高3.38米。硬山顶，现为红砖砌筑，灰砂批荡，门楼内铺花岗岩条石。红砂岩石门额刻“南胜里”，并涂金漆，落款为“咸丰己未年”。2011年1月被公布为番禺区登记保护文物单位。

“胜洲正道”门楼

正道北大街二巷民居

“颖水流长”门楼正面

“颖水流长”石刻

“颖水流长”门楼背面

石板路

“南胜里”门楼

“南胜里”门楼石刻

南塘大街三巷

南塘大街六巷

水月宫

水月宫(又称“观音堂”)，位于颖源大街。始建年代待考，从门匾题款及重修碑可知，该庙于清光绪戊戌年（1898）重修，1930年、1988年再次重修和重建。坐东向西，一间三进，总面阔5.18米，总进深12.28米，占地面积63.6平方米。山门与后殿均为硬山顶，镬耳封火山墙，青砖墙，花岗岩基础。山门砌花岗岩石门框，门额上有“水月宫”石匾，上款“光绪戊戌仲冬立”，接有补款“民国十九年、一九八八年重建”。落款“陈耀墀敬书”，补款“陈润滔再书”。两边刻有对联：“蓬岛十洲开圣宇，菩提几树护慈云。”由门内设一道屏门，天井上部建有屋顶，为二进拜亭所设置。三进后殿神台供奉三尊神像。庙右侧设“社稷之神”神坛一座。2011年1月被公布为番禺区登记保护文物单位。

水月宫

水月宫

香塔

天后宫
（胜洲村）

天后宫位于南塘大街。始建年代待考，清咸丰十年（1860）重建，同治四年（1865）改建，光绪十年（1884）重修，1986年再次重修。坐西向东，一间三进，总面阔6.4米，总进深17.34米，占地面积110.9平方米。山门与后殿均为硬山顶，人字形垂脊，碌灰筒瓦，青砖墙，花岗岩墙基。山门明间有花岗岩石门夹，门额上石匾刻“天后宫”，上款为“庚申岁夏日重建”，落款“何菊波敬书”。两边框刻有一幅对联：“其仁如天，克配上帝；抚我则后，怀保小民。”山门后廊右侧墙壁嵌有同治四年《改建天后、文武二庙碑记》和光绪十年《重修天后、文武庙碑记》。山门与后殿间为天井，被改为拜亭，摆放一铁香炉。后殿神台供奉有天后娘娘像。该庙与文武庙并列而建，二庙中间有门相通。2011年1月被公布为番禺区登记保护文物单位。

天后宫

文武庙（胜洲村）

文武庙位于南塘大街。该庙建于清咸丰十年（1860），同治四年（1865）改建，光绪十年（1884）重修，1986年再次重修。坐西向东，一间三进，总面阔6.4米，总进深17.34米，占地面积110.98平方米。凹斗门，山门与后殿均为硬山顶，青砖墙，花岗岩墙基。山门明间有花岗岩石门夹，门额上石匾刻“文武庙”，上款为“咸丰庚申仲夏”。山门与后殿间为天井，后被改为拜亭，摆放一铁香炉。二进后殿神台供奉文武官员塑像各一尊。该庙与天后宫并列而建，二庙中间有门相通。2011年1月被公布为番禺区登记保护文物单位。

文武庙

炮楼

胜洲村保留有番禺现存年代较早的炮楼，名镇东楼和镇西楼，位于胜洲村东西两侧，分别建于1925年和1927年。炮楼平面呈正方形，三层混凝土结构，青砖砌筑，各层有射击孔，顶层外墙为半月形瞭望台。炮楼是胜洲村民防御贼寇侵扰的设施，村民曾在炮楼英勇抗击贼寇。

据传，当时以陈伟民为首的民乡队，曾在此英勇抗击贼寇。陈伟民为人正直，胸怀爱国之心，初期组织民乡队保卫一村平安，后带队出外盘踞海岛谋生。日本侵华时，他主动带队抗击日寇，屡战屡胜，使日寇闻风丧胆。最后，他因年老体弱病逝，民乡队也因此解散。

镇东楼，位于胜洲村小学背后，始建于民国14年(1925)，面阔、进深均为4.95米，高两层约9米，建筑面积49平方米。炮楼顶层外墙为半月形瞭望台，外墙灰白，残留子弹痕迹。镇西楼，在胜洲村正道大街57号侧，建于民国16年(1927年)，面阔、进深均为4.80米，高两层约9米，建筑面积46平方米。外墙遍布子弹痕迹。该楼在中华人民共和国成立后用作发电房、广播站。广播站迁出后，此楼空置。2005年9月，镇东楼和镇西楼一起被市文物部门公布为广州市登记保护文物单位。

镇东楼

“镇东楼”牌匾

镇东楼局部

镇西楼广场

镇西楼局部

镇西楼

扒龙船民俗

胜洲村的龙船船身修长，样式好看且扒得快，被称为“靓仔龙船”，曾于20世纪50年代在广州海角红楼参加竞渡获第二名的好成绩。胜洲龙船还被称为“幸运龙船”。传说有一年石楼地区疟疾流传，胜洲龙船前往石楼趁景，驱散了那里的疟疾，使石楼恢复生机。还有一次，胜洲龙船在雨中到南亭趁景，引开立于危墙之下的村民，当庙宇倒塌后无一人伤亡。每年端午节期间，胜洲村从农历四月中旬起龙船，开始一年一度的“扒龙船”活动。活动形式有游龙和竞渡。

游龙活动

龙船竞渡

后　记

保护古村落，留住乡愁。惟有让历史遗存与当代生活共融，让村落景观与人文内涵共生，让传统文化与时代精神共鸣，才能赋予古村落以新的生机与活力。

古村落承载着历史文化和记忆的“细胞”。《番禺古村落（四）》经过一年多的努力，终于同读者见面了。本书集中反映了拥有800多年历史的石楼镇各古村落所留给人们的丰厚历史文化积淀额，的其中包含许多古祠堂、古建筑、古民居、古街巷、民间传统艺术和历史传说、历史名人等，内容丰富。

为了做好本书的编修工作，数年前我们就开始着手准备。本书负责摄影的人员更是不辞劳苦，多次深入各古村落进行认真细致的拍摄，获取大量翔实的图片资料。在此。特别感谢石楼镇委、番禺区文物办等有关单位补充提供了石楼各古村落比较详尽的文字资料。

由于时间等方面的原因，编者对石楼各古村落的形成和发展历史特别是对古祠堂、古建筑、古街巷、古民居、传统艺术、历史名人等的了解还有很大的局限性，所搜集的资料难免不够详尽，而且认知和专业水平有限，研究仍不够深入，因此在编辑本书过程中难免会出现错漏之处。在此，恳请各位读者及各界人士在阅读此书后多提宝贵意见，以便对我们今后编研水平的提高能够有更好的帮助。

2020年5月